Valerio Vial

Italienisch einfach richtig

TYPISCHE FEHLER VERMEIDEN

Hueber Verlag

Umschlagfoto: © Getty Images/iStock/AaronAmat
Zeichnungen: Martin Guhl, Stein am Rhein, Schweiz

Für meine Studentinnen und Studenten, von deren errori (e orrori) ich viel gelernt habe.

3. 2. 1. | Die letzten Ziffern
2023 22 21 20 19 | bezeichnen Zahl und Jahr des Druckes.
Alle Drucke dieser Auflage können, da unverändert, nebeneinander benutzt werden.
1. Auflage

Ersetzt die ISBN 978-3-19-457918-7
Umschlaggestaltung: Sieveking · Agentur für Kommunikation, München
Layout und Satz: Sieveking · Agentur für Kommunikation, München
Verlagsredaktion: Jürgen Frank, Hueber Verlag, München
Druck und Bindung: Firmengruppe APPL, aprinta druck GmbH, Wemding
Printed in Germany
ISBN 978-3-19-217918-1

Art. 530_26506_001_01

Vorwort

Für wen ist dieses Buch?

Sie sprechen bereits Italienisch, aber es schleichen sich immer wieder dieselben Fehler ein? Sie sind sich manchmal nicht sicher, ob Sie die richtige Zeitform oder das richtige Wort gewählt haben? Zwei Formen sind sich ähnlich und Sie wissen nicht, für welche Sie sich entscheiden sollen? Kurzum: Sie möchten Ihr Italienisch verbessern und die typischen Fehler verlernen? Dann ist dieses Buch genau das richtige für Sie.

Natürlich ist Fehler nicht gleich Fehler. Wenn manch ein *errore* (Fehler) zum Italienischlernen einfach dazugehört, kann bei einem *orrore* (etwa: entsetzlicher Fehler) von einer *bella figura* gewiss nicht mehr die Rede sein!

Was Sie mit diesem Buch erreichen können

Mit diesem Übungsbuch können Sie gezielt Ihr Italienisch von den lästigen *errori* und *orrori* befreien, zu denen deutschsprachige Lernende immer wieder neigen. *Italienisch einfach richtig* bietet Ihnen 250 Übungen zu Grammatik, Wortschatz und Sprachgebrauch und ist bestens zum praktischen und schnellen Wiederholen und Üben geeignet. Das Buch ermöglicht eine Analyse und Korrektur fehleranfälliger Bereiche und fördert die korrekte und authentische Kommunikation.

Italienisch einfach richtig eignet sich für Selbstlerner, die wichtige Wörter und Sprachstrukturen üben und festigen wollen, sowie als zusätzliches Übungsmaterial in allen Bildungseinrichtungen.

Wie das Buch aufgebaut ist

Italienisch einfach richtig besteht aus drei Teilen: *Sprechen und Schreiben* (S. 7–26), *Wörter und Wendungen* (S. 27–90) sowie *Grammatik* (S. 91–197). Im Inhaltsverzeichnis (S. 5–6) finden Sie hierzu detailliertere Informationen. Selbstverständlich enthält das Buch auch einen Lösungsschlüssel (S. 199–232), mit dem Sie Ihre Arbeit kontrollieren und notfalls berichtigen können. Hier finden Sie auch ergänzende Erklärungen zu den typischen Fehlern – jeweils nach diesem Symbol ▶. Am Ende des Buches befindet sich außerdem ein alphabetisches Register (S. 233–237), das ein schnelles Auffinden der behandelten Wörter und Themen ermöglicht.

Wie Sie mit dem Buch arbeiten können

Über das Inhaltsverzeichnis oder das Register im Anhang finden Sie die Themen, die Sie gezielt üben möchten. Das Buch ist aber insgesamt so abwechslungsreich gestaltet, dass Sie es auch systematisch von Kapitel zu Kapitel bearbeiten können. Oder aber Sie schlagen das Buch einfach auf und machen nur die Übungen, die Sie interessieren. Folgen Sie dabei auch den Hinweisen in den Infoboxen, die Sie immer wieder auf zusammenhängende Themen in anderen Kapiteln aufmerksam machen.

Aus Fehlern wird man klug!

Jedes Thema bietet Übungen unterschiedlichen Schwierigkeitsgrades (etwa von Niveau A2 bis B2 des *Gemeinsamen Europäischen Referenzrahmens*). Das kleine Symbol ⚡ oben links – direkt neben der Übungsziffer – weist darauf hin, dass sich die jeweilige Übung für Lernende mit Kenntnissen auf dem Niveau B1 bis B2 eignet. Sind Sie Anfänger, dann sollten Sie sich zunächst unbedingt mit den anderen Übungen – für das Niveau A2 – beschäftigen. *Italienisch einfach richtig* konzentriert sich auf die besonders fehleranfälligen Bereiche des Italienischen. Weiterführende Informationen zu den umrissenen Themen erhalten Sie in einem Wörterbuch oder einer Grammatik.

Lassen Sie sich nicht entmutigen, wenn Sie eine Übung nicht auf Anhieb richtig lösen können. Es ist geradezu der Zweck mancher Übungen, Aha-Erlebnisse auszulösen und somit ein besseres Verständnis für die grammatikalischen und lexikalischen Strukturen der italienischen Sprache zu ermöglichen. Am besten Sie wiederholen die Übung zu einem späteren Zeitpunkt und lernen einfach dazu – ganz nach dem Motto *Sbagliando s'impara!* (Aus Fehlern wird man klug!).

Buon lavoro e buon divertimento!

Autor und Verlag

Verwendete Abkürzungen:

qn. = qualcuno (jemand)
qc. = qualcosa (etwas)
jmd. = jemand
etw. = etwas
m = maskulin (männlich)
f = feminin (weiblich)

Inhaltsverzeichnis

Sprechen und Schreiben

1. Aussprache und Betonung

1.1 **Gut gemeint, aber ...**
Kleine und große Aussprachefallen

1.2 **So treffen Sie den richtigen Ton**
Das gehört betont

1.1 Gut gemeint, aber ...

Kleine und große Ausssprachefallen

Wie verschmiertes Make-up, eine knallbunte Krawatte, die nicht sitzen will, oder aber die Tennissocken zum Businessanzug – so oder ähnlich wirken auch Aussprachefehler auf Ihr Gegenüber. Klar, irgendwie versteht man sich schon. Und dennoch: Wer vermeidet nicht gerne so einen äußerlichen Fehlgriff? Dann lassen Sie uns doch ein bisschen an Ihrem Outfit arbeiten ...

1 Ciao!

In welchen Wörtern wird das *c* wie [k] und in welchen wie [tsch] gesprochen? In welchem Wort kommen beide Laute vor? Kreuzen Sie an.

	[k]	[tsch]
1. stracciatella	○	○
2. chicchirichì[1]	○	○
3. coccodrillo	○	○
4. cioccolato	○	○
5. cacao	○	○
6. Cin cin![2]	○	○
7. zucchero	○	○

[1] chicchirichì = kikeriki
[2] Cin cin! = Prost!

> **!** Ein paar nützliche Eselsbrücken finden Sie auch in der deutschen Sprache. Stellen Sie sich vor, Sie genießen ein leckeres *Ciabatta*-Brötchen [tsch], mit *Zucchini* [k] gefüllt, während Sie einer *Cello*-Sonate [tsch] lauschen ...

2 Gol![1]

In welchen Wörtern wird das *g* wie [g] und in welchen wie [dsch] gesprochen? Ordnen Sie folgende Wörter dem passenden Laut zu. In welchem Wort kommen beide Laute vor?

gelato • magico • gigabyte • ghepardo • giacca
ghiaccio • formaggio

[g]					
[dsch]					

[1] Gol! = Tor!

3 Scacco matto!

In welchen Wörtern wird *sc* wie [sk] und in welchen wie [sch] gesprochen? Kreuzen Sie den richtigen Laut an.

	[sk]	[sch]
1. scena	○	○
2. schema	○	○
3. scacco matto	○	○
4. scuola	○	○
5. prosciutto	○	○
6. schiena[1]	○	○
7. piscina	○	○

[1] schiena = Rücken

! Jetzt gibt es keine Entschuldigung mehr: Wie spricht man *bruschetta* richtig aus?

4 Una i di troppo

Ordnen Sie folgende Wörter dem passenden Laut zu. Vorsicht! Zwei Wörter, in denen das *-i-* ausgesprochen wird, bleiben außen vor!

arancia • pronuncia • scienza • bacio • incrocio
ciao • sciopero[1] • sciare • annuncio • cielo
liscio • farmacia • crociera[2]

[tsch + a]	[tsch + o]	[tsch + e]	[sch + e]	[sch + o]

[1] sciopero = Streik
[2] crociera = Kreuzfahrt

5 Aglio e olio

Unterstreichen Sie alle Wörter, die ähnlich ausgesprochen werden wie das deutsche Wort „brillant".

[1] idraulico = Klempner
[2] tovaglia = Tischdecke

6 Pssssst!

Wird das *s* in folgenden Wörtern stimmlos (wie im deutschen Wort „Kuss") oder stimmhaft (wie im deutschen Wort „Sommer") ausgesprochen?

simbolo • esatto • borsa • messaggio • falso • isola • servizio
sole • naso • insalata • consiglio • paese

stimmlos					
stimmhaft					

! Berühren Sie im Zweifel Ihren Kehlkopf: Schwingen die Stimmbänder, dann sind die Konsonanten stimmhaft!

7 Zzzzzzz...

... Mücken bleiben draußen! Lassen Sie nur Wörter mit stimmlosem *s* ins Haus.

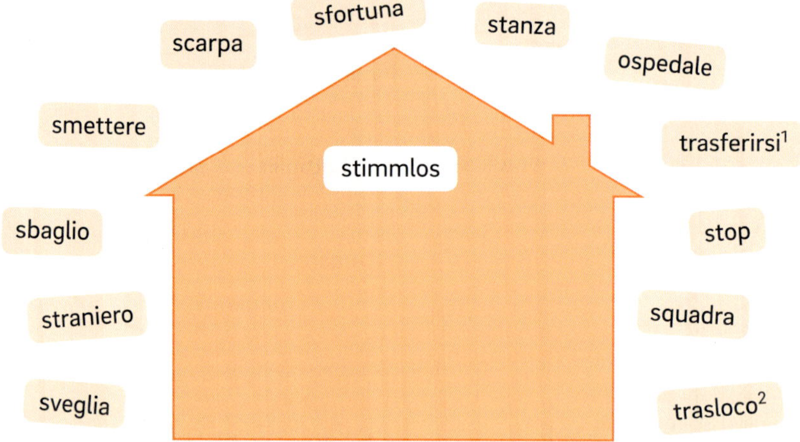

[1] trasferirsi = umziehen
[2] trasloco = Umzug

8 Ahia![1]

Ergänzen Sie jeweils den fehlenden Vokal und sprechen Sie folgende Wörter laut aus. Wie spricht man zwei oder drei Vokale hintereinander aus?

1. E__ropa
2. q__esto
3. scu__la
4. tranq__illo
5. qu__lcosa
6. d__eta
7. ai__to
8. m__ei
9. s__oi
10. __uro

[1] Ahia! = Aua!

9 Eeeeetcì![1]

Ergänzen Sie jeweils den Vokal *e*. Schreiben Sie ihn groß, wenn er offen gesprochen wird, bzw. klein, wenn er geschlossen gesprochen wird.

1. b_*e*_ne
2. b_*E*_llo
3. arrived___rci
4. c___rto
5. docum___nto
6. frat___llo
7. l___tto
8. mom___nto
9. parch___ggio
10. pr___zzo
11. sp___sa
12. tr___no

[1] Etcì! = Hatschi!

10 Ooooh!

Ergänzen Sie jeweils den Vokal *o*. Schreiben Sie ihn groß, wenn er offen gesprochen wird, bzw. klein, wenn er geschlossen gesprochen wird.

1. am_o_re	2. bu_O_no
3. canz___ne	4. capp___tto
5. colazi___ne	6. c___nto
7. fi___re	8. fu___ri
9. neg___zio	10. par___la
11. sec___ndo	12. u___mo

11 Qui, Quo, Qua[1]

Richtig oder falsch? Beantworten Sie folgende Fragen zur italienischen Aussprache.

	vero	falso
1. La *q* nei nomi *Qui, Quo, Qua* si pronuncia come nelle parole tedesche "Quittung", "Quote" e "Quadrat".	○	○
2. La *h* nelle forme del verbo *avere* (per es. *ha, hanno*) non si sente mai.	○	○
3. La *v* nella parola tedesca "Vater" e nella parola italiana *voglia* si pronuncia allo stesso modo.	○	○
4. La parola italiana *hobby* si pronuncia come in tedesco.	○	○
5. La *w* nella parola tedesca "wieder" si pronuncia come la *v* nella parola italiana *vino*.	○	○
6. La *gn* nella parola italiana *segnale* si pronuncia come la *gn* nella parola tedesca "Signal".	○	○

[1] Qui, Quo e Qua = Tick, Trick, Track

> **!** Dass man *spaghetti* [spa...] oder *studente* [stu...] sagt – und nicht etwa wie im Deutschen [schpa...] bzw. [schtu...] –, dürfte Ihnen schon bekannt sein, oder?

1.2 So treffen Sie den richtigen Ton

Das gehört betont

Italienisch – die musikalische Sprache schlechthin ... Damit man dies auch von *Ihrem* Italienisch sagen kann, müssen aber die Noten stimmen, wobei einer Note – der betonten – eine besondere Bedeutung zukommt. Sind Sie gut auf Ihre Aufgabe eingestimmt? Dann möchten wir Sie ans Dirigentenpult bitten ... *Musica, maestro!*

12 Un po' di musica

Wo liegt die betonte Silbe? Ordnen Sie den Wörtern das passende Betonungsmuster zu. Jede Note stellt eine Silbe dar.

1. mattina — a.
2. giovane — b.
3. città — c.
4. asparago — d.
5. albero — e.

1.	2.	3.	4.	5.

13 Come ti chiami?

Nun schreiben Sie das passende Betonungsmuster für folgende Vornamen mithilfe von Musiknoten. Sprechen Sie dabei die Namen laut aus.

1. Gia-co-mo ______
2. Ste-fa-nia ______
3. Da-vi-de ______
4. Ni-co-la ______
5. De-bo-ra ______

! Bei Vornamen ist auf die Endung nicht unbedingt Verlass! So sind z. B. *Andrea* oder *Nicola* männliche Vornamen.

14 Paese che vai, accento che trovi[1]

Wo liegt die betonte Silbe? Unterstreichen Sie sie. Vorsicht: Diese Wörter werden anders betont als ihre deutschen Entsprechungen!

1. CA TA STRO FE
2. SIN TO MO
3. O A SI
4. ME TRO PO LI
5. FE NO ME NO
6. O RO SCO PO

[1] Paese che vai, *usanza* che trovi = Andere Länder, andere Sitten

! Bei alltäglichen Pleiten wird eher das Wort *disastro* als *catastrofe* verwendet!

15 Mamma mia!

Unterstreichen Sie die Wörter, die auf dem letzten *-i* betont werden.

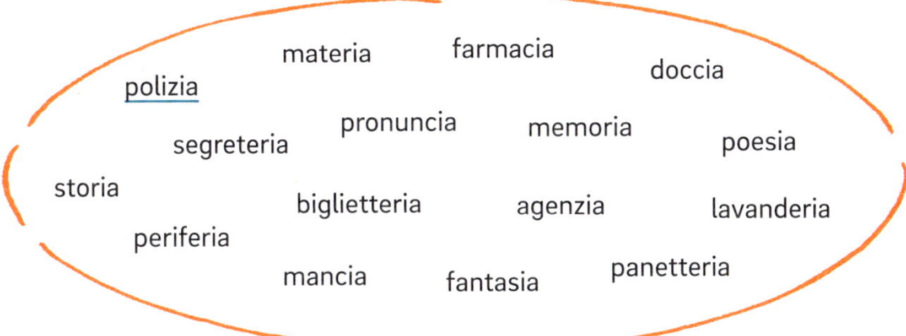

Wussten Sie, dass diese Betonung zum Teil Auswirkungen auf die Pluralform haben kann? Das und mehr erfahren Sie in Übung 137.

16 E loro, cosa fanno?

Schreiben Sie zu den folgenden Verben die 1. Person Singular des Indikativ Präsens und kreisen Sie dabei den betonten Vokal ein. Bilden Sie anschließend die 3. Person Plural und kreisen Sie ebenfalls den betonten Vokal ein. Lesen Sie beide Formen laut vor.

1. abitare io *abito* loro *abitano*
2. perdere io ______ loro ______
3. dormire io ______ loro ______
4. mettere io ______ loro ______
5. giocare io ______ loro ______
6. offrire io ______ loro ______
7. raccontare io ______ loro ______
8. telefonare io ______ loro ______
9. spedire io ______ loro ______
10. leggere io ______ loro ______

17 La musica degli anni '60

Ordnen Sie die folgenden Formen des *imperfetto* nach ihrer Betonung paarweise zu. Jede Note stellt eine Silbe dar. Ergänzen Sie das passende Betonungsmuster für die zwei übrig bleibenden Verbformen.

VE-DE-VI • A-SCOL-TA-VO • A-PRI-VA • GUA-DA-GNA-VA-MO
RI-SPON-DE-VA-NO • TE-LE-FO-NA-VA-NO • PRE-FE-RI-VA-TE
CAM-MI-NA-VA-NO • RI-PE-TE-VI • A-NA-LIZ-ZA-VA-NO

1. ________ ________
2. ________ ________
3. ________ ________
4. ________ ________
5. ________ ________ ________

18 Imperativo... con armonia

Wo liegt die betonte Silbe? Ordnen Sie folgenden Imperativformen das passende Betonungsmuster zu. Jede Note stellt eine Silbe dar.

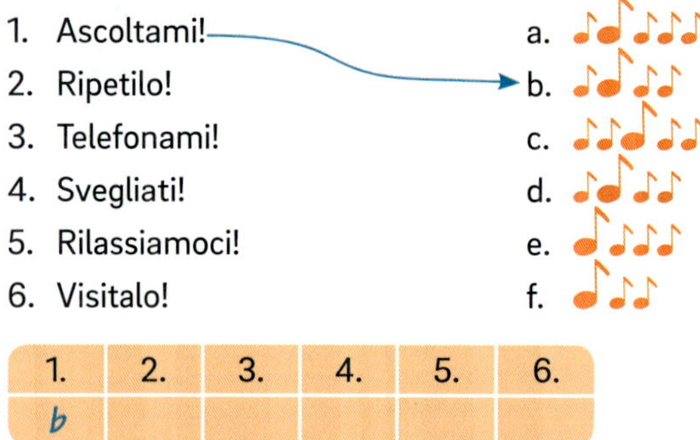

1. Ascoltami! → b.
2. Ripetilo!
3. Telefonami!
4. Svegliati!
5. Rilassiamoci!
6. Visitalo!

a. b. c. d. e. f.

1.	2.	3.	4.	5.	6.
b					

! Lesen Sie die obigen Imperativformen zunächst ohne angehängtes Pronomen laut vor. Die Betonung bleibt nämlich immer auf der gleichen Silbe, egal, ob das Pronomen angehängt wird oder nicht.

2. Schreibung

2.1 **Zeichen setzen!**
So schreiben Sie richtig

2.2 **Buchstäblich falsch**
Auf einen Buchstaben kommt es an

2

2.1 Zeichen setzen!

So schreiben Sie richtig

Ein echter Glücksfall ist die italienische Rechtschreibung. Gilt sie doch als einer der wenigen Lebensbereiche, die den Tentakeln der italienischen Bürokratie stets entkommen konnte. So brauchen Sie für Ihre E-Mails nach Italien kein Regelwerk zu studieren und auch auf einen gelben Begleiter können Sie getrost verzichten. Dass es dennoch ein paar Usancen zu beachten gilt, zeigt Ihnen dieses Kapitel.

19 MAIUSCOLA o minuscola?

Setzen Sie im folgenden Text die Großbuchstaben, wo es nötig ist.

grande festa ieri per l'inaugurazione[1] della mostra sull'arte del rinascimento italiano. presente all'inaugurazione anche il presidente della repubblica, che ha voluto ricordare le figure più importanti di quel periodo: leonardo da vinci, michelangelo e raffaello, che con il loro genio hanno contribuito a far diventare l'italia uno dei maggiori centri di cultura del mondo. la mostra raccoglie opere provenienti[2] da alcune delle più famose città d'arte italiane, tra cui urbino, ferrara, siena e firenze. il direttore della mostra raccomanda di prenotare i biglietti in internet per evitare code: "ci aspettiamo un gran numero di visitatori, ma siamo preparati!" la mostra è a palazzo ducale in piazza dante ed è aperta tutti i giorni tranne[3] a natale e a capodanno dalle 8:30 alle 20:00.

[1] inaugurazione *f* = Eröffnung
[2] proveniente = stammend
[3] tranne = außer

20 Dove va l'accento?

In den folgenden Sätzen sind einige Akzentzeichen verschwunden. Welche? Ergänzen Sie sie.

1. Questo portatile[1] mi da dei problemi gia da un po' di tempo.
2. O si fa o non si fa, e non e una decisione cosi difficile!
3. I tuoi libri? Li ho presi io e li ho messi li.
4. Si, si, lo so che si dice cosi!
5. La cerchero un po' qua e un po' la e vediamo se la trovo.

[1] portatile *m* = Laptop

21 Non è così grave...

Ergänzen Sie die richtigen Akzentzeichen. Sollen sie wie im Wort *caffè* (offenes „e": Gravis) oder wie im Wort *perché* (geschlossenes „e": Akut) geschrieben werden?

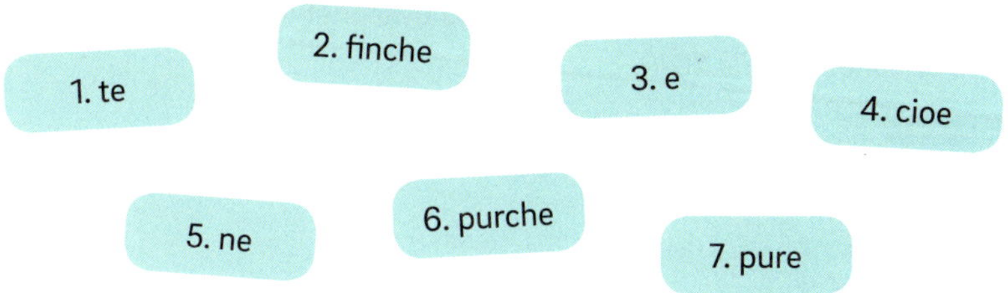

! Der Gravis geht von links oben nach rechts unten (è), der Akut von links unten nach rechts oben (é). Das ist übrigens nur für den Vokal *e* wichtig – die anderen Vokale vertragen auf der letzten Silbe nur den Gravis. Und auch deshalb können Sie aufatmen: In der digitalen Welt werden die zwei Akzentzeichen immer mehr durcheinandergebracht ...

22 Mettiamo i puntini sulle i[1]

Sind folgende Aussagen zur italienischen Rechtschreibung richtig oder falsch? Kreuzen Sie an.

	vero	falso
1. Dopo i due punti si usa la lettera maiuscola.	○	○
2. Dopo un punto di domanda di solito si usa la lettera minuscola.	○	○
3. Non si possono usare i trattini – come quelli che vedete qui – al posto delle virgole.	○	○
4. Si possono usare tutti i tipi di virgolette: "...", «...» o anche „...".	○	○
5. Le date di solito si scrivono così: 3/4/2019 oppure 3-4-2019.	○	○

[1] mettere i puntini sulle i = Klarheit in die Sache bringen

> ! In Briefen wird das Datum meist so geschrieben: *Milano, 3 aprile 2019.*

23 Ci vuole una virgola!

Lesen Sie die Sätze und ergänzen Sie die Kommas, wo es angebracht ist.

1. Paola spera che Mario le telefoni.
2. C'è un autobus che passa alle sette e quaranta.
3. Ti consiglio di leggere questo libro che ha vinto il Premio Campiello.
4. Luigi è un collega un po' difficile ma certamente ha del talento per gli affari.
5. Oggigiorno un sito web può essere creato senza alcuna particolare difficoltà anche da una persona non esperta di computer.
6. Andrea mi hai cercato tu prima? – Sì ti ho cercato io.

24 Non ho cambiato una virgola

Im folgenden Text fehlen acht Kommas. Ergänzen Sie sie.

Per fare le bruschette al pomodoro avete bisogno di pane pomodori basilico aglio olio d'oliva sale e pepe. Tagliate i pomodori a pezzetti e conditeli[1] con il basilico l'olio d'oliva il sale e il pepe. Tagliate ora il pane a fette non troppo sottili[2] (le fette potrebbero rompersi se sono troppo sottili) e mettetele nel forno. Quando il pane è caldo e croccante[3] toglietelo dal forno e mettetelo su un piatto. A questo punto distribuite l'aglio sulle fette di pane e aggiungeteci poi i pezzetti di pomodoro. Servite le bruschette mentre sono ancora calde.

[1] condire = anmachen
[2] sottile = dünn
[3] croccante = knusprig

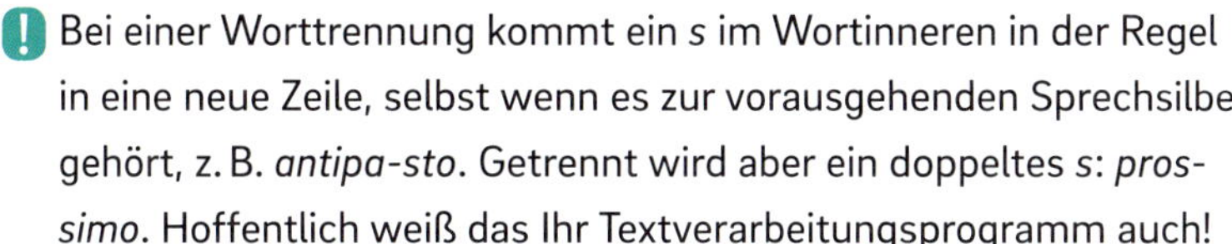

! Bei einer Worttrennung kommt ein *s* im Wortinneren in der Regel in eine neue Zeile, selbst wenn es zur vorausgehenden Sprechsilbe gehört, z. B. *antipa-sto*. Getrennt wird aber ein doppeltes *s*: *pros-simo*. Hoffentlich weiß das Ihr Textverarbeitungsprogramm auch!

2.2 Buchstäblich falsch

Auf einen Buchstaben kommt es an

Seltsam, aber wahr: Ein einzelner Buchstabe verrät nicht nur, wie gut Sie die italienische Rechtschreibung draufhaben, sondern er kann auch noch ein Kichern unter Ihren italienischen Freunden auslösen, wenn Sie dabei unterschiedliche Wörter verwechseln. Aufgepasst: Es geht um Ihre Ehre!

25 Doppio misto

Wählen Sie jeweils den fehlenden Buchstaben aus und entscheiden Sie, ob Sie ihn einzeln oder doppelt brauchen.

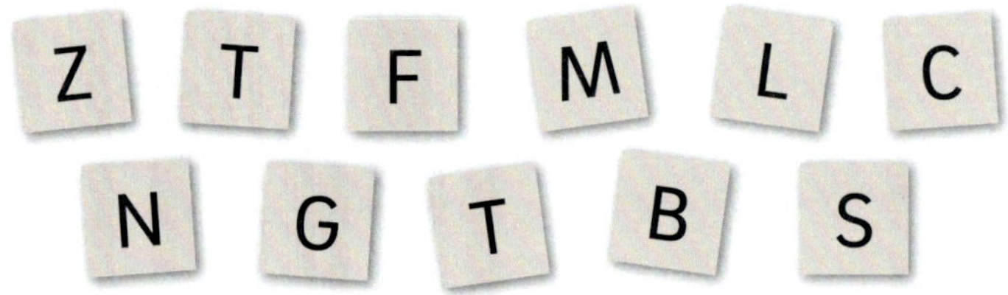

1. di___icile
2. pi___ante
3. a___egro
4. a___urro
5. ma___a
6. sa___ato
7. e___attamente
8. autu___o
9. sopra___u___o
10. mezzo___iorno

! Doppelkonsonanten werden auch doppelt gesprochen! Soll heißen: Der vorangehende Vokal wird kurz und der Doppelkonsonant länger gesprochen. Hingegen geht einem Einzelkonsonant in der Regel ein langer Vokal voraus. So lautet z. B. *carro* (Karre) anders als *caro* (teuer, lieb). Im Deutschen hört man auch den Unterschied zwischen „Schiff" und „schief", nicht wahr?

26 Senza doppi sensi

Doppelbuchstabe oder nicht? Wählen Sie jeweils die richtige Alternative.

1. Pomodori, pasta, sugo, formaggio... Mi sembra che abbiamo preso tutto, no? – Sì, possiamo andare alla (casa / cassa).
2. Guarda, secondo me quel (capello / cappello) non sta per niente bene assieme al tuo cappotto.
3. Se avete (sete / sette), lì c'è una fontana.
4. Non sai quanto sono felice! Il prossimo anno divento (nono / nonno)!
5. Graziano e Antonella sono proprio una bella (copia / coppia)!

27 C'è posta/o per te!

A, O oder E? Ergänzen Sie jeweils den richtigen Vokal, damit sich sinnvolle Sätze ergeben.

1. E va bene, facciamo come dici tu. Per una volta devo dire che hai r__gione.
2. Ti aiuto a preparare la cena? – No, grazie, non c'è bisogn__, ho quasi finito.
3. C'è stata una rapina[1] in banc__. A quanto pare[2] hanno portato via un milione di euro.
4. Signora Minghetti, dovrebbe mangiare più frutt__! Non si dimentichi che è a dieta!
5. Vuoi bere qualcosa? In frigo abbiamo del succo di pesc__ fatto in casa.
6. Per iscriversi al corso di tango argentino dovrebbe andare in segret__ria.
7. Due margherite, una quattro stagioni, tre birre e copert__... Fanno 32 euro e 50, signori.

[1] rapina = Raubüberfall
[2] a quanto pare = *hier:* angeblich

28 Vai avanti tu!

Achtung, Verwechslungsgefahr! Wählen Sie jeweils die richtige Alternative aus.

1. Allora, andiamo un po' (avanti / davanti) con il lavoro? Altrimenti[1] (no / non) finiamo più!
2. Che ne dite di una cenetta a casa mia sabato sera? Potrei fare le tagliatelle con il (succo / sugo) ai funghi...
3. In preparazione al (test / testo) il professore ci darà alcuni libri da leggere.
4. Ho deciso che andrò via di casa, ma non so ancora (quanto / quando).
5. (Avanti / Davanti) alla piscina si può parcheggiare la macchina per (quale / qualche) ora senza pagare.
6. Guarda, un'isola... Vai (avanti / davanti) tu per primo!

[1] altrimenti = ansonsten

Wörter und Wendungen

3. Wortschatz

3.1 Der Schein trügt

Vom Umgang mit falschen Freunden

Nicht jeder Freund ist ein echter Freund ... Diese bittere Erkenntnis gilt auch für die italienische Sprache: Auch hier mangelt es nicht an Wörtern, die sich anders geben, als sie eigentlich sind. Fakt ist: Sie sehen nur gleich oder ähnlich aus wie deutsche Vokabeln, haben aber meist eine ganz andere Bedeutung. Vorsicht also vor diesen tückischen „falschen Freunden".

29 alto / alt

Ergänzen Sie jeweils das passende Wort.

1. Ciao, sono Viola, sono nata oggi alle 5:12. Sono _ _ _ _ 51 cm e peso 3 chili e mezzo. Mamma e papà sono felicissimi! 🙂
2. Prima di cambiare casa abbiamo buttato via[1] tante cose *v* _ _ _ _ _ _ _ e inutili.
3. Il grattacielo[2] più _ _ _ _ del mondo si trova a Dubai e ha più di 160 piani.
4. Leonardo ha una grande passione per gli strumenti musicali *a* _ _ _ _ *h* _. A casa ha anche un clavicembalo!
5. Sono sempre più numerose le persone *a* _ *z* _ _ _ _ che imparano a usare il computer e a navigare in Internet.

[1] buttare via = wegschmeißen
[2] grattacielo = Wolkenkratzer

> **!** Zweierlei haben Sie nun herausgefunden: wie die echten italienischen Entsprechungen des Adjektivs „alt" lauten und wann das Adjektiv *alto* im Italienischen tatsächlich gebraucht wird. Gegen diesen „falschen Freund" sind Sie also schon mal gewappnet ...

30 bar / Bar

Ergänzen Sie jeweils das richtige Wort.

1. Hai voglia di un caffè? Offro io! – Sì, grazie! Andiamo nel ___________ qui di fronte?
   ○ night club ○ bar ○ banco
2. Oh, no! Non ci sono più tavoli liberi… – Non fa niente, possiamo bere qualcosa qui al ___________.
   ○ bar ○ night club ○ banco
3. Ragazzi, ho scoperto un nuovo locale notturno, un ___________ molto trendy! Ci andiamo?
   ○ banco ○ caffè ○ night club

! Entwarnung: Auch eine italienische Hotelbar würde man *il bar dell'albergo* nennen. Ebenso ist für ein gehobenes Café die Bezeichnung *caffè* möglich.

31 bravo / brav

Wählen Sie jeweils das passende Wort. Vorsicht: In einem Fall sind beide Wörter möglich!

1. Lo sapevi che Albert Einstein non era molto (bravo / buono) a scuola?
2. Di Riccardo puoi fidarti[1] al cento per cento: è una (brava / buona) persona e dice sempre la verità.
3. Dai, Antonella, fai la (brava / buona) e finisci di mangiare la minestra!
4. Il Suo bambino è stato (bravo / buono) tutto il giorno. Ha solo fatto un po' il capriccioso al momento di fare i compiti.

[1] fidarsi di qn. = jmd. vertrauen

32 caldo / kalt

Übersetzen Sie.

1. Du magst kalte Gerichte nicht? Dann nimm [doch] ein warmes Gericht!

   ____

2. Im Winter hat meine Mutter immer kalte Füße.

   ____

3. Was ist der Unterschied zwischen warmen und kalten Farben?

   ____

   ____

4. Ist es nicht ein bisschen zu[1] heiß hier?

   ____

   ____

[1] un po' troppo = ein bisschen zu

33 camera / Kamera

Suchen Sie die passenden Wörter aus der Liste aus und ergänzen Sie damit die Sätze. Zwei Wörter bleiben übrig.

cellulare • macchina fotografica • televisione • stanza
telecamera • camera

1. Ecco, questa è la chiave della Sua ______________, è la numero 108.
2. Signor Razzi, ora guardi dritto nella ______________ e racconti ai nostri telespettatori[1]: che cosa è successo ieri sera in questa via di Milano?
3. Oh, no! Ho dimenticato la ______________ nella ______________ dell'albergo. Non mi resta altro che[2] fare le foto con lo smartphone...

[1] telespettatore/trice *m/f* = Fernsehzuschauer(in)
[2] Non mi resta altro che... = Es bleibt mir nichts anderes übrig als ...

34 cantina / Kantine

Ergänzen Sie jeweils das passende Wort.

1. L'ingegner Manconi è un collega molto chiuso: durante la pausa pranzo resta sempre in ufficio e non viene mai a mangiare con noi in *m* _ _ _ *a*.
2. La settimana scorsa abbiamo fatto una bellissima vacanza nel Chianti. Un giorno abbiamo anche visitato una _ _ _ _ _ _ _ dove si produce il vino.
3. Il lunedì di solito mi fermo a mangiare nella _ _ _ _ _ dell'università, perché ho lezione anche di pomeriggio.
4. Vittorio, non c'è più vino in cucina! – Va bene, allora vado giù[1] io a prenderlo in _ _ _ _ _ _ _.

[1] giù = unten

35 concetto / Konzept

Ergänzen Sie jeweils das richtige Wort.

1. Negli anni della scuola elementare i bambini iniziano a formarsi i loro primi ____________ astratti.
   ○ progetti ○ idee ○ concetti
2. Osvaldo è un oratore[1] davvero brillante: domenica ha parlato in pubblico per due ore senza ____________.
   ○ concetto ○ traccia ○ idea
3. Nel giornale c'è scritto che il governo sta elaborando[2] un ____________ per diminuire la disoccupazione.
   ○ piano ○ idea ○ concetto

[1] oratore/trice *m/f* = Redner(in)
[2] elaborare = erarbeiten

36 firma / Firma

Ergänzen Sie die passenden Wörter, indem Sie die Buchstaben in die richtige Reihenfolge bringen.

◆ Come Le dicevo prima, ho già lavorato per molte zidenae ______________ del settore automobilistico...

● Capisco... E ha anche fatto domanda di lavoro presso[1] altre tdite ______________ del nostro settore?

◆ Beh sì, però quando ho visitato il sito Internet della Sua reimpsa ______________, ho subito pensato di inviarLe il curriculum[2].

● Su questo non ho dubbi. Va bene, signor Casini, sarebbe così gentile mettere una bella airfm ______________ sul contratto? Poi può cominciare a lavorare da noi quando vuole.

[1] presso = bei
[2] curriculum (vitae) *m* = Lebenslauf

37 nota / Note

Ergänzen Sie jeweils das richtige Wort. Vorsicht: In einem Satz geht es nicht um „falsche Freunde"!

1. Un 6 in latino, un 7 in matematica, un 8 in inglese... Bravo, Pierino! Questi sì che sono bei v _ _ _!
2. Ragazzi, prendete _ _ _ _: la prossima interrogazione[1] di storia è mercoledì 15 novembre.
3. Ma come?! Sei tornato dal supermercato a mani vuote?! – Scusami, ma ho dimenticato a casa la _ _ _ _ della spesa e non sapevo più cosa dovevo prendere...
4. Do, Re, Mi, Fa, Sol, La... Vi ricordate qual è la settima _ _ _ _? Esattamemte: è Si. Allora, di nuovo: Do, Re, Mi, Fa, Sol, La, Si...

[1] interrogazione *f* = mündliche Prüfung
[2] mi pare = es scheint mir

38 notizia / Notiz

Ergänzen Sie jeweils das richtige Wort.

1. Oh no! Non trovo più i miei ____________! Come faccio adesso a preparare l'esame?!
   - voti
   - notizie
   - appunti
2. Hai sentito le ____________ alla radio prima? – No, cos'hanno detto?
   - parole
   - notizie
   - appunti
3. Vi porto buone ____________ da Guglielmo: ha preso un bellissimo voto nell'esame di fisica!
   - storie
   - appunti
   - notizie
4. È meglio se vi prendete degli ____________ perché queste informazioni non ci sono nel libro.
   - appunti
   - notizie
   - annunci

39 peperone / Peperoni

Richtig oder falsch? Kreuzen Sie an.

	vero	falso
1. I peperoni possono essere gialli, rossi o verdi.		
2. Il peperoncino di solito è piccante.		
3. Il peperoncino non si usa per aromatizzare[1] i cibi.		
4. I peperoni si possono mangiare come contorno[2].		
5. Anche il peperoncino si mangia spesso come contorno.		
6. Il peperoncino classico è rosso e lungo.		

[1] aromatizzare = würzen
[2] contorno = Beilage

40 spendere / spendieren

Ergänzen Sie die passenden Wörter, indem Sie die Buchstaben in die richtige Reihenfolge bringen.

1. Armando, sei stato gentilissimo con me. Ti posso froreif ______________ una cena uno di questi giorni?
2. Guarda, mi sono comprata un bellissimo maglione di cachemire! – Davvero? E quanto hai pseos ______________?
3. Gli strumenti che vedete in questo laboratorio sono stati ntidoa ______________ dai nostri sponsor.
4. Giorgio ha le mani bucate[1]: enpesd ______________ sempre un sacco di soldi in prodotti di elettronica.

[1] avere le mani bucate = das Geld mit vollen Händen ausgeben

41 stipendio / Stipendium

Ergänzen Sie jeweils das richtige Wort.

1. Antonia ha potuto specializzarsi in chirurgia negli Stati Uniti grazie a una ____________.
   - mancia
   - borsa di studio
   - stipendio
2. Ma non vai a scuola oggi? – No, oggi gli insegnanti sono in sciopero[1]. Protestano per avere un aumento di ____________.
   - stipendio
   - contratto
   - borsa di studio
3. Hai visto Enrico? È al settimo cielo! Ha vinto una ____________ del valore di 10.000 euro!
   - borsa di studio
   - stipendio
   - fortuna
4. Se da giovane fossi andato all'università, oggi forse avrei uno ____________ più alto e potrei vivere in un appartamento più grande.
   - studio
   - lavoro
   - stipendio

[1] sciopero = Streik

42 tempo / Tempo

Ergänzen Sie jeweils das passende Wort.

1. Ho letto che il ghepardo è l'animale più veloce del mondo. Pensa che può raggiungere una *v* ____________ *à* di circa 100 km/h.
2. Uffa! Piove anche oggi! Da quando siamo arrivati qui in montagna ha sempre fatto brutto ____________.
3. La vostra connessione[1] Internet vi sembra lenta? Allora verificate la vostra effettiva ____________ di connessione con il nostro programma!
4. Dottor Luzi, avrebbe un minuto di ____________ per me stasera?

[1] connessione *f* = Verbindung

> **!** Nützliche Wendungen mit dem Wort *tempo* finden Sie in Übung 88. Worauf warten Sie noch? Auf geht's!

43 termine / Termin

Ergänzen Sie die Sätze mit den passenden Wörtern.

1. Il _ _ _ _ _ _ _ _ ultimo per la presentazione delle domande[1] è il 31 luglio 2019.
2. Vuole che fissiamo[2] già oggi anche il prossimo _ _ _ _ _ _ _ _ _ _ _ _ _ _?
   – Va bene, io avrei tempo già la prossima settimana.
3. Questo testo non è molto difficile: ho dovuto cercare un solo _ _ _ _ _ _ _ _ nel vocabolario.
4. Al _ _ _ _ _ _ _ _ della giornata ci sarà una cena a base di prodotti tipici della zona.

[1] presentazione *f* delle domande = Antragstellung
[2] fissare = *hier:* vereinbaren

! Verstehen Sie nun die Ausdrücke *a breve termine, a medio termine* und *a lungo termine*? Genau: Sie bedeuten „kurz-, mittel- und langfristig".

3.2 Wer die Wahl hat, hat die Qual

Ein Wort im Deutschen – mehrere im Italienischen

Wer hätte das gedacht? Im Land der *mammoni* (Muttersöhnchen) wehren sich die Teenies – egal, ob Männlein oder Weiblein –, wenn man sie *bambini* nennt. Irgendwann ist nur noch von *figlio/a* (Sohn/Tochter) die Rede. Wenn Sie Ihre erwachsenen Kinder als *bambini* bezeichnen, liegt es also nur daran, dass das deutsche Wort „Kind" im Italienischen mehrere Entsprechungen hat. Um solche Fälle – mit hohem Missverständnispotenzial – geht es hier.

44 abholen

Ordnen Sie zu.

1. Allora, vieni a prendermi tu?
2. Ha chiamato Giulia: è arrivata in stazione.
3. Hai letto qui? La vicina ha preso un pacchetto per noi.
4. È pronta la macchina che ho portato a riparare?

a. Davvero? Allora vado subito a prenderlo.
b. Certo, può venire a prenderla quando vuole.
c. E adesso? Viene a casa in taxi o la devo andare a prendere io?
d. Va bene, vengo a prenderti io.

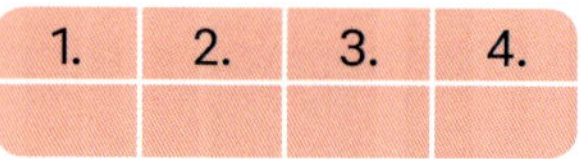

1.	2.	3.	4.

! Die Wahl zwischen *andare a prendere* und *venire a prendere* hängt von der Perspektive ab: Man *geht* jemanden abholen bzw. jemand *kommt* einen abholen.

45 besuchen

Setzen Sie die passende Entsprechung für „besuchen" im *passato prossimo* ein.

visitare • andare a trovare • venire a trovare • frequentare

1. Da quando è andato a vivere a Milano, Matteo non ci ________ più ____________________.
2. Ieri ____________________ la nonna in ospedale. È stata contentissima di vedermi!
3. Nel fine settimana ho fatto un giro a Milano con Marco: ____________________ il Duomo e la Pinacoteca di Brera.
4. Come fai a parlare così bene il portoghese? – Sai, due anni fa ____________________ un corso di portoghese in Brasile.

❗ Ein Konzert besuchen = *assistere a un concerto*: *Domenica abbiamo assistito a un concerto di Carmen Consoli.*

46 Bild

Ergänzen Sie die passende Entsprechung für das Wort „Bild", indem Sie die Buchstaben in die richtige Reihenfolge bringen.

1. Ai miei bambini compro molti libri ricchi di lulsrtizaioni ____________: penso che siano utili a stimolare la loro fantasia.
2. Lo sapevi? Il drqauo ____________ più caro del mondo è stato venduto a un'asta[1] per più di cento milioni di dollari!
3. Quella serie televisiva non la guardo, perché offre un'mmgiaine ____________ assolutamente stereotipata[2] del mio paese.
4. Ti mando per mail tutta la documentazione relativa al progetto, così puoi farti tu stesso un'deia ____________ della difficoltà del lavoro.

[1] asta = Auktion
[2] stereotipato = stereotypisch

47 bitte

Übersetzen Sie.

1. Vielen Dank! – Bitte, nichts zu danken!

   ____

2. Könnten Sie mir bitte helfen?

   ____

3. Darf ich reinkommen? – Bitte!

   ____

4. Haben Sie einen Pass? – Hier, bitte.

   ____

> ! Das Wort „bitte“ sollten Sie aber (bitte) nicht überstrapazieren! Wie das geht, erfahren Sie in Übung 113.

48 brauchen

Wählen Sie jeweils die richtige Entsprechung für das Wort „brauchen“.

1. Ragazzi, vado a vedere il nuovo centro commerciale che hanno aperto. Vi (servono / serve / avete bisogno di) qualcosa?
2. Per il mio costume di carnevale mi (ci vuole / ho bisogno di / servono) ancora degli occhiali alla Blues Brothers.
3. Hmm, il ragù è buonissimo, però (ci mette / ci vuole / servono) ancora un po' di sale.
4. Direttore, (serve / ci vuole / ha bisogno di) me o posso andare a casa?
5. Con il traffico che c'è qui in città (ci metto / servono / ci vogliono) ogni mattina un'ora per arrivare al lavoro.
6. Per il picnic (serve / ci vuole / ci vogliono) ancora dei succhi di frutta, delle uova e dei panini.
7. Cara, ti (ci vogliono / serve / hai bisogno di) il mio aiuto per mettere a letto i bambini o ce la fai da sola?

49 fahren

Ergänzen Sie die passende Entsprechung für „fahren" in der richtigen Form.

1. Che viaggio fantastico! Siamo ______ dall'Italia fino a Capo Nord con una vecchia Cinquecento!
2. Ma non vedi che il semaforo è rosso?! Ma chi ti ha insegnato a g______?!
3. Non mi sento molto bene, è meglio che vada a casa... – Ti posso p______ in macchina io, se vuoi.
4. Meno male che[1] il controllore non è venuto nel nostro vagone... Abbiamo v_________ in prima classe con un biglietto di seconda!
5. Per andare a Roma questa volta non siamo p______ per Firenze.

[1] Meno male che... = Zum Glück ...

50 falsch

Ergänzen Sie *falso/a* oder *sbagliato/a* im Singular oder Plural.

1. Ci scusi il ritardo, ma abbiamo preso la strada ____________ e poi siamo dovuti ritornare indietro.
2. Non bisogna credere a tutto quello che si sente in televisione. Alcune notizie sono semplicemente ____________.
3. Stavano per darmi come resto una banconota ____________. Per fortuna che me ne sono accorto[1] subito!
4. Non potevi scegliere un momento più ____________ per chiedere un aumento di stipendio[2]...

[1] accorgersi di qc. = etw. bemerken
[2] stipendio = Gehalt

> **!** Auch beim Gegenteil von „falsch" besteht ein ähnlicher Unterschied: Man sagt *la strada giusta*, aber *le notizie vere*.

51 Frage

Ergänzen Sie jeweils die passende Entsprechung für „Frage".

1. Vedrai che riuscirò a convincere Laura a uscire con me... È solo una ________________ di tempo.
   ○ domanda ○ questione ○ problema
2. Professore, avrei ancora una ________________ da farLe.
   ○ domanda ○ questione ○ discussione
3. La liberalizzazione delle droghe leggere è una ________________ di cui si discute già da tanto tempo.
   ○ domanda ○ questione ○ problema
4. Chi si è permesso[1] di mettere in ________________ la mia correttezza?
   ○ domanda ○ opzione ○ dubbio

[1] permettersi = *hier:* sich anmaßen

52 Freund(in)

Ergänzen Sie die Sätze mit *amico/a* oder *ragazzo/a* im Singular oder Plural. Setzen Sie auch die angegebenen Wörter richtig ein.

le • un' • il • la • una • tuo • mia • mie • mia

1. Come hai conosciuto ___ ___ ____________? – È proprio una storia divertente. Allora, eravamo per la strada, lui mi ha chiesto l'ora ed è stato amore a prima vista...
2. Pronto, amore? Ciao. Volevo dirti che stasera esco con ___ ___ ____________. No, no, tu non puoi venire: è una serata per sole donne!
3. Ma... c'è qualcosa tra te e Cristina? – Assolutamente no! Lei è solo ___ ____________. E poi io amo ___ ___ ____________.
4. Ho parlato con ___ ___ ____________ dei miei problemi di coppia. Mi ha fatto molto bene sentire il parere[1] di una donna.

[1] parere *m* = Meinung

53 Gefühl

Ergänzen Sie die passende Entsprechung für das Wort „Gefühl", indem Sie die Buchstaben in die richtige Reihenfolge bringen.

1. Ho riflettuto a lungo sulla nostra relazione e purtroppo ti devo dire che non provo più alcun iesntmtone _______________ per te.
2. Che batterista[1] fantastico! Ha un ensos _______________ del ritmo incredibile!
3. Tra tutti i film che ho visto, "Via col vento" è quello che mi dato le zioemoin _______________ più forti.
4. Non hai anche tu la zasnesoine _______________ che una nuvola[2] ci stia seguendo...?

[1] batterista *m/f* = Schlagzeuger(in)
[2] nuvola = Wolke

54 groß

Vervollständigen Sie das Kreuzworträtsel mit den passenden Entsprechungen für das Wort „groß".

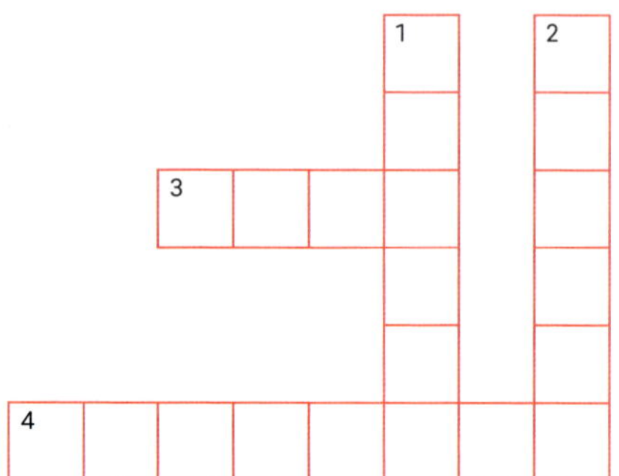

Waagerecht:

3. Il cugino di Mara è così ____________ che per entrare in casa deve abbassare[1] ogni volta la testa.
4. Anna, ti presento mio fratello ____________.

Senkrecht:

1. Antonio, aiuto! È entrato in casa un cane grande e ____________!
2. Dove lavori? – In una ____________ impresa di telecomunicazioni.

[1] abbassare = senken

55 gut

Übersetzen Sie. Manchmal lässt sich „gut" unterschiedlich wiedergeben.

1. Jungs, ihr habt eine gute Arbeit gemacht.

____

2. Wenn das Wetter gut ist, können wir uns draußen [hin]setzen[1].

____

3. Wow, du bist wirklich gut!

____

4. Alles in allem[2] ist er ein guter Junge.

____

[1] sedersi = sich setzen
[2] tutto sommato = alles in allem

! Gut ist aber nicht gleich gut! Mehr dazu erfahren Sie in Übung 156.

56 Haar

Ergänzen Sie die Sätze mit *pelo* oder *capello* in der richtigen Form.

1. Bella la moda degli anni '70: vestiti colorati e __________ lunghi!
2. A carnevale Luca si è colorato di giallo i __________ della barba.
3. Che sfortuna! Abbiamo perso il treno per un[1] __________.
4. Sai, mia figlia è allergica ai __________ del gatto...

[1] per un = *hier:* um ein

57 Karte

Setzen Sie die passende Entsprechung für „Karte" im Singular oder Plural ein.

biglietto (3 x) • menù • cartolina • cartina • carta (2 x)

1. Guarda: sta arrivando il controllore[1]! Dove hai messo i _______________?
2. Per qualsiasi domanda mi chiami. Ecco, questo è il mio _______________ da visita.
3. Giorgio ha veramente pochi interessi. Passa tutte le domeniche giocando a _______________ al bar.
4. Ma dove siamo qui?! Dai un po' un'occhiata alla _______________!
5. I _______________ per il Festival del Cinema li può prenotare anche in Internet. Li può pagare facendo un bonifico[2] o con la _______________ di credito.
6. Vedi? New York, Rio, Sydney, Città del Capo... Tutte le volte che la mia ex va in vacanza con le sue amiche mi manda una _______________.
7. Abbiamo ordinato tutto quello che c'era sul _______________.

[1] controllore *m* = Schaffner
[2] bonifico = Überweisung

58 Kind

Ergänzen Sie die Sätze mit *figlio/a* oder *bambino/a* im Singular oder Plural.

1. Ecco, questo qui sulla foto è mio ______________: si chiama Francesco, ha 30 anni e lavora a Londra.
2. Maestra, cosa facciamo adesso? – Allora, facciamo il gioco delle coppie. Voi ______________ mettetevi qui e le ______________ da quella parte.
3. Nonna Maria ha avuto tre ______________: Loredana, Antonietta e Marinella, mia madre.
4. Che regalo di Natale hai scelto per i ______________? – Gli ho preso un gioco per imparare a leggere e a scrivere.

! Man sagt *il mio bambino* (mit Artikel), aber *mio figlio* (ohne Artikel). Warum bloß? Ganz einfach: *figlio* ist eine Verwandtschaftsbezeichnung, *bambino* nicht. Frischen Sie doch dieses Thema mit der Übung 146 auf!

59 klein

Übersetzen Sie. In manchen Sätzen lässt sich „klein" unterschiedlich wiedergeben.

1. Vielleicht hast du einen kleinen Fehler gemacht ...

   ____
2. Kennst du den kleinen Mann da[1] mit der Brille?

   ____
3. Könnten wir eine kleine Pause machen?

   ____
4. Mein kleiner Bruder kommt auch mit.

   ____

[1] quello = der ... da

60 können

Bringen Sie die Satzteile in die richtige Reihenfolge und ergänzen Sie jeweils die passende Entsprechung für „können" (*potere* oder *sapere*) in der richtigen Form des Indikativ Präsens.

1. non / ballare / flamenco, / lo / tu? / e / il

   ____

2. venire / casa / proprio / dispiace, / non / a / tua / Mi / ma

   ____

3. telefonata / stasera? / farmi / una / Paolo,

   ____

4. Ragazzi, / si / dirmi / dove / la / trova / birreria / "Alla Spina"?

   ____

5. scarpe / di / entrare? / le / prima / pulirti

   ____

6. insieme / per / stare / Ora / (noi) / sempre...

   ____

61 lassen (1)

Welche Aussagen haben die folgenden Reaktionen ausgelöst? Ordnen Sie den unten stehenden Aussagen die passende Reaktion zu.

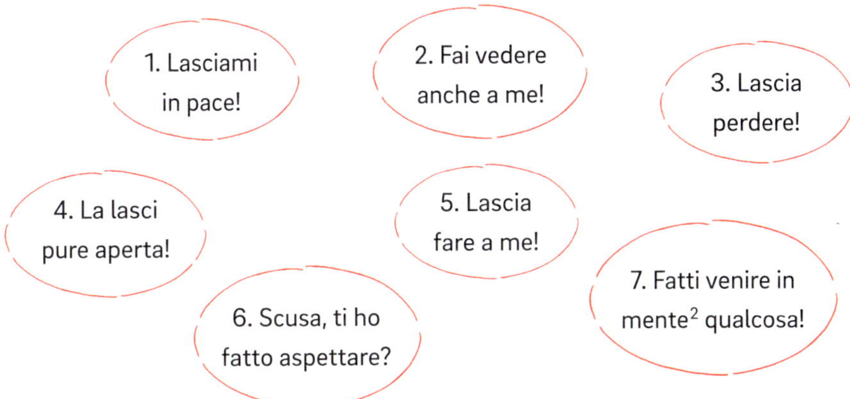

a. Non senti che rumore stanno facendo i vicini? Gli devo dire qualcosa?
b. Signor Miglio, grazie e arrivederci. Le chiudo la porta?
c. Non riesco a riparare la bicicletta, ho paura di romperla...
d. Su, perché non torni da me?! Lo sai quanto mi manchi...
e. Lisa mi ha appena mandato un MMS con la foto del suo neonato[1].
f. Non saprei proprio cosa dire a Paola per invitarla a uscire con me...
g. Ma non vedi che ore sono?!

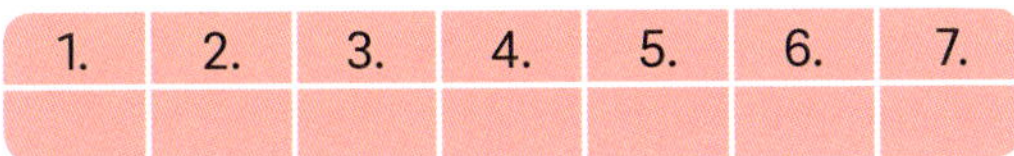

1.	2.	3.	4.	5.	6.	7.

[1] neonato/a = Neugeborene
[2] venire in mente a qn. = jmd. einfallen

! Die Konstruktion „lässt sich + Verb" wird oft durch *si può* wiedergegeben, z. B. *non si può più cambiare* (das lässt sich nicht mehr ändern). Auch in anderen Fällen wird „lassen" nicht direkt übersetzt, z. B. *ti saluta* (er lässt dich grüßen) oder *si scusa* (er lässt sich entschuldigen).

62 lassen (2)

Bringen Sie die Buchstaben in die richtige Reihenfolge und ergänzen Sie damit die Sätze.

1. Vado dal barbiere a miarglita _______________ i capelli.
2. Il loro è sempre stato un matrimonio felice. Eppure[1] adesso vogliono assolutamente zirevodiar _______________.
3. Mio figlio è un po' preoccupato. Domani deve sipeorar _______________ per la prima volta in vita sua.
4. Ma guarda un po'... Mi hanno tocciabo _______________ all'esame di guida solo perché ho sbagliato a fare un parcheggio!

[1] eppure = und doch

63 laufen

Setzen Sie die passende Entsprechung für „laufen" in der richtigen Form ein.

correre • essere in corso • camminare • funzionare • procedere

1. Ennio di solito va al lavoro a piedi. _______________ un'ora per andare e tornare dall'ufficio.
2. Che sport faccio? Beh, mi piace nuotare, andare in palestra[1] e ogni tanto vado anche a _______________.
3. Questo computer non vuole proprio _______________. Lo portiamo a riparare dal tecnico?
4. Al cinema Rex _______________ una retrospettiva su Pier Paolo Pasolini. – Davvero? Allora andiamo a vederci un film anche noi, no?
5. Come _______________ il lavoro? – Non c'è male, spero di finire oggi.

[1] palestra = Fitness-Studio

> ! Merken Sie sich auch die Wendungen *Come vanno le cose?* (Wie läuft's denn so?), *Che cosa danno al cinema?* (Was läuft im Kino?)

64 leicht

Übersetzen Sie.

1. Heute Morgen habe ich ein leichtes Frühstück gemacht.

   ____

2. Wir hatten keine leichte Aufgabe!

   ____

3. Willst du nicht einen leichten Pulli [mit]nehmen?

   ____

4. Es ist nicht so leicht zu verstehen ...

   ____

65 lernen

Ergänzen Sie die passende Entsprechung für das Verb „lernen", indem Sie die Buchstaben in die richtige Reihenfolge bringen. Achten Sie auf die unterschiedlichen Verbformen.

1. Ehi tu, sì sì proprio tu: da quanto tempo stai dnaormpia ______________ l'italiano?
2. Amore, scusa se non sono uscita con te ieri sera, ma dovevo assolutamente riedtasu ______________ 🙁 Stasera però sono tutta per te 😉
3. Ma quando aipmreria ______________ a stirare[1] le tue camicie?!
4. Giulio ha appena[2] quattro anni, ma ha già traompia ______________ a leggere, a scrivere e a contare!

[1] stirare = bügeln
[2] appena = *hier:* erst

66 machen

Setzen Sie die folgenden Verben in der richtigen Form ein.

mettersi • sporcare • pulire • rendere • rompere

1. La regola è: chi ________________ paga.
2. ________________ una volta per tutte a fare qualcosa! Non abbiamo ancora combinato[1] niente!
3. A ________________ possibile questo meraviglioso evento è stato anche il contributo di tanti, tantissimi volontari.
4. Non preoccupatevi se avete ________________ qualcosa. Ci penso io poi a ________________.

[1] combinare = zustande bringen

67 Nachricht

Ergänzen Sie jeweils die passende Entsprechung für „Nachricht".

1. Risponde la segreteria telefonica di Giorgio Armani. Lasciate ________________ dopo il segnale acustico.
   - una notizia
   - un messaggio
   - un'informazione
2. È davvero ________________ fantastica! Congratulazioni!
   - una notizia
   - un messaggio
   - una comunicazione
3. Ho già mandato ________________ a Lorenzo per invitarlo a ballare, ma non mi ha ancora risposto.
   - una notizia
   - un messaggio
   - un'informazione
4. Teoricamente i miei genitori dovrebbero essere informatissimi: guardano ogni ora l'ultima edizione[1] ________________...
   - dei messaggi
   - del telegiornale
   - delle notizie

[1] edizione *f* = Ausgabe

68 nächst

Wählen Sie die passende Entsprechung für „nächst" aus.

1. Non vedi il cartello[1]? Dobbiamo girare a destra al (prossimo / più vicino / dopo) incrocio.
2. Mi scusi, sa dirmi dov'è la farmacia (prossima / più vicina / dopo)?
3. Il 15 giugno 2018 ho fatto l'esame di maturità. Ricordo che il giorno (prossimo / più vicino / dopo) ho dormito fino a mezzogiorno.
4. Antonio, stammi bene[2]! – Anche tu! Ciao e alla (prossima / più vicina / dopo) volta!

[1] cartello = Schild
[2] Stammi bene! = Mach's gut!

In solchen Fällen kann man anstelle von *dopo* auch *seguente* oder *successivo* sagen. Das ist aber gehobener Sprachstil!

69 schwer

Ergänzen Sie jeweils die passende Entsprechung für „schwer".

1. Sarà anche uno scrittore competente, ma il suo stile mi sembra piuttosto *p* _ _ _ _ _ _ *e* da digerire.
2. Il nuovo governo ha un compito molto _ _ _ _ _ _ _ _ _ _: far uscire il Paese dalla crisi economica.
3. Mi dispiace, signora, ma il Suo è un bagaglio _ _ _ _ _ _ _ _, quindi deve pagare il supplemento[1].
4. La mia azienda[2] ha dovuto chiudere per dei *g* _ _ _ _ errori del management.
5. Ecco, ho fatto il calcolo. Non era poi così _ _ _ _ _ _ _ _ _ _...

[1] supplemento = Zuschlag
[2] azienda = Betrieb

70 spielen

Ergänzen Sie die passende Entsprechung für das Verb „spielen", indem Sie die Buchstaben in die richtige Reihenfolge bringen.

1. Da quando gli hanno regalato quel videogioco, Fabiano non fa altro che reociag ______________ al computer.
2. Monica Bellucci è la mia attrice preferita: sa riectaer ______________ perfettamente qualsiasi[1] ruolo.
3. Che ne dici di grecioa ______________ un po' a tennis? – Ottima idea! Hai la pallina?
4. Quanto mi piacerebbe imparare a sranuoe ______________ il piano...

[1] qualsiasi = jede/r beliebige

71 Tasche

Ergänzen Sie die passenden Entsprechungen für das deutsche Wort „Tasche".

1. Ma dov'è il mio cellulare? Pensavo di averlo messo nella t _ _ _ _ della giacca e invece non lo trovo più!
2. Non buttare via la b _ _ _ _ della spesa: è di plastica e può essere usata più volte.
3. Hai sentito cos'è successo a Mirella? Stava camminando per la strada quando un tipo in motorino ha cercato di portarle via la _ _ _ _ _ _ t _ _!
4. Mamma, dove hai messo le mie scarpe da calcio[1]? – Ma sono nella tua _ _ _ _ _ _ da sport, non hai guardato lì?!

[1] calcio = Fußball

> ! Merken Sie sich die Wendung *Ne ho le tasche piene!* (Ich habe die Nase voll!).

72 während

Unterstreichen Sie jeweils die richtige Entsprechung für das Wort „während".

1. Ieri un mio compagno di classe si è addormentato proprio (durante / mentre) la lezione di geografia.
2. Ogni mattina ascolto le notizie alla radio (durante / mentre) faccio colazione.
3. Molti dipendenti[1] controllano le mail di lavoro anche (durante / mentre) il fine settimana.
4. Proprio (durante / mentre) la partita stava finendo, è andata via la corrente[2].
5. Ha cominciato a piovere (durante / mentre) stavo aspettando l'autobus.

[1] dipendente *m/f* = Angestellte(r)
[2] corrente (elettrica) *f* = Strom

73 wenn

Ergänzen Sie die Sätze mit *quando* oder *se*. Was passt jeweils besser?

1. Stasera potremmo andare a bere un aperitivo insieme ________ hai voglia.
2. ________ ho finito di fare questo lavoro, ti chiamo.
3. ________ non mi trova in ufficio, può lasciare un messaggio sulla segreteria telefonica[1].
4. Mi piace il mio lavoro, soprattutto ________ il capo[2] non c'è...

[1] segreteria telefonica = Anrufbeantworter
[2] capo = Chef(in)

74 werden (1)

Vervollständigen Sie die Entsprechung für das Verb „werden", indem Sie die Buchstaben in die richtige Reihenfolge bringen. Achten Sie auf die unterschiedlichen Verbformen.

1. Mamma, ti piace il mio disegno[1]? – Ma è bellissimo, tesoro: è utnveo ___________ proprio bene! tenveDirai ___________ un artista!
2. Federico non festeggia mai il suo compleanno. Non ha voluto fare una festa neanche quando ha tocmpiou ___________ 40 anni.
3. Vado in camera a prendermi un pullover: micanoci ___________ a fare freddo.
4. Mamma mia, si è atfot ___________ tardi! Devo assolutamente andare, altrimenti[2] perdo l'ultimo autobus!

[1] disegno = Zeichnung
[2] altrimenti = ansonsten

75 werden (2)

Ergänzen Sie die passende Entsprechung für das Verb „werden". Achten Sie auf die unterschiedlichen Verbformen.

migliorare • peggiorare • ammalarsi • guarire

1. Domenica volevo andare a cercare funghi in montagna. Purtroppo però mi sono ___________ proprio il giorno prima.
2. Con la crisi attuale anche la situazione economica di molte famiglie è ___________.
3. I servizi pubblici diventano ogni anno un po' più cari, ma per fortuna[1] ___________ anche la qualità.
4. Daniela, ma sei ancora a letto con l'influenza? Allora ___________ presto, mi raccomando! Un forte abbraccio da Carla.

[1] per fortuna = zum Glück

76 (zu)hören

Ergänzen Sie die Verben *ascoltare* bzw. *sentire* in der passenden Form.

1. Ti disturbo? – No, figurati, stavo soltanto ____________ un po' di musica.
2. Ecco! Tu non ____________ mai i miei consigli e adesso vedi che cosa è successo!
3. Hai ____________ la novità di Cecilia? Aspetta un bambino!
4. Pronto? Caro? Sei in linea[1]? Non ti ____________ bene. – Certo, dimmi. Ti sto ____________. – Ecco, volevo solo dirti che sarebbe ora di comprare una macchina nuova...

[1] essere in linea = am Apparat sein

❗ Merken Sie sich auch die Formen *Senti/Senta* (Hör mal/Hören Sie mal)!

4. Wendungen

4.1 Gute Nachbarn

Wörter, die zusammenpassen

Haben Sie schon einmal gehört, dass man „eine Entscheidung nimmt"? Richtig: Haben Sie nicht! Und warum nicht? Weil diese zwei Wörter nicht zusammenpassen – Sprachwissenschaftler sagen, sie bilden keine „Kollokation". Wir sagen: Man muss darauf achten, welche italienischen Wörter untereinander eine gute Nachbarschaft pflegen!

77 Vita quotidiana

Im Kasten sind – waagerecht, senkrecht und diagonal – fünf Verben versteckt. Finden Sie sie und ergänzen Sie damit die Wendungen.

A	P	R	E	P	A	R	A	R	E	B
F	E	R	M	U	L	I	R	E	R	O
E	F	O	U	A	P	F	A	R	E	I
N	A	R	E	S	G	A	P	M	M	A
P	R	U	C	N	C	E	L	O	S	A
A	E	G	H	A	L	I	B	B	I	S
Q	I	U	N	E	S	C	R	O	A	T
Z	G	U	A	R	D	A	R	E	N	E

1. eine Dusche nehmen ________________ una doccia
2. einen Kaffee kochen ________________ un caffè
3. den Tisch decken ________________ la tavola
4. fernsehen ________________ la televisione
5. aus dem Haus gehen ________________ di casa

! Profis sagen auch *apparecchiare la tavola* (den Tisch decken)!

78 Una persona tuttofare

Was für Aufgaben im Haushalt kommen auf Patrizio so alles zu? Ergänzen Sie die passenden Wörter und tragen Sie die Ausdrücke mit dem Verb *fare* unten ein. Wie lauten ihre deutschen Entsprechungen?

piatti • barba • sogno • bagno • lavatrice • colazione
mangiare • spesa • letti

La mattina Patrizio prepara la colazione alla moglie e ai tre figli. Dopo aver fatto ___________ (1.) anche lui, si mette subito al lavoro. Esce e va a fare la ___________ (2.) al supermercato. Compra pane fresco, frutta, verdura e altre cose da mangiare. Tornato a casa, riordina le stanze e rifa i ___________ (3.).
Verso mezzogiorno Patrizio fa da ___________ (4.) per tutta la famiglia: la moglie che viene a casa per il pranzo e i tre figli che rientrano dalla scuola. Ovviamente è lui che deve fare i ___________ (5.), perché la moglie torna subito al lavoro e i figli devono studiare. Il pomeriggio Patrizio fa la ___________ (6.) e stira[1]: con cinque persone in casa c'è sempre molto da lavare!
La sera Patrizio è stanco morto e si fa un bel ___________ (7.) per rilassarsi. Ogni tanto si addormenta nella vasca da bagno e fa un ___________ (8.): sogna di avere una donna delle pulizie tutta per sé... La moglie, svegliandolo, gli ricorda che il giorno dopo lui deve assolutamente ricordarsi di farsi la ___________ (9.)...

[1] stirare = bügeln

1. ___________ 2. ___________
3. ___________ 4. ___________
5. ___________ 6. ___________
7. ___________ 8. ___________
9. ___________

79 Cose da fare

Ergänzen Sie die folgenden Ausdrücke. Was bedeuten sie?

lavare • cambiare • portare • mettere • prendere

1. ____________ *fuori il cane* ✓
2. ____________ *un appuntamento con il dentista* ✓
3. ____________ *i piatti* ✓
4. ____________ *in ordine la cucina*
5. ____________ *casa?*

80 Non stai bene?

Ergänzen Sie die italienischen Entsprechungen der folgenden Ausdrücke.

1. Ich bin erkältet! ____________ il raffreddore!
2. Ich habe mir eine Grippe eingefangen! ____________ l'influenza!
3. Mir ist warm! ____________ caldo!
4. Mir ist kalt! ____________ freddo!
5. Mir ist schwindelig ... *Mi gira*[1] la testa...

[1] girare = *wörtl.:* (sich) drehen

81 Da cosa nasce cosa...[1]

Ergänzen Sie die italienischen Entsprechungen der folgenden Ausdrücke und vervollständigen Sie das Kreuzworträtsel.

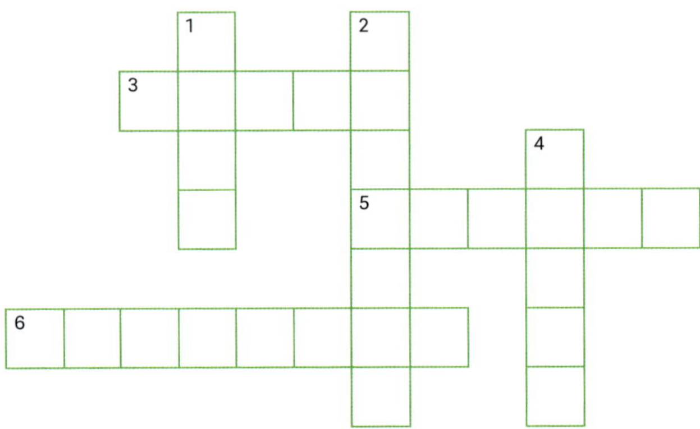

Waagerecht:

3. sich verabreden ____________ appuntamento
5. sich mit jmd. gut verstehen ____________ d'accordo con qn.
6. sich mit jmd. absprechen ____________ d'accordo con qn.

Senkrecht:

1. Freundschaft schließen ____________ amicizia
2. jmd. vertrauen ____________ di qn.
4. sich duzen ____________ del tu

[1] Da cosa nasce cosa... = Eins zieht das andere nach sich ...

> Mit *d'accordo* gibt's noch eine Wendung: *rimanere d'accordo* oder auch *restare d'accordo* (verbleiben): *Come siamo rimasti d'accordo?*

82 Non ho voglia di discutere!

Wählen Sie nur die sechs Wörter aus, die Sie brauchen, um die folgenden Ausdrücke zu ergänzen.

esatto • idea • parole • dire • sensazione
prendere • bene • domanda • parlare • opinione • far(e)
discussione • male • senso • ricevere

1. keine Ahnung haben — non avere ______________
2. außer Frage stehen — essere fuori ______________
3. keinen Sinn machen — non avere ______________
4. jmd. zu verstehen geben — ______________ capire a qn.
5. richtig/falsch verstehen — capire ______________ / ______________
6. zu hören bekommen — sentir ______________
7. eine Entscheidung treffen — ______________ una decisione

83 Al telefono!

In der Telefonschnur sind fünf Wörter versteckt. Finden Sie sie und ergänzen Sie damit die Wendungen.

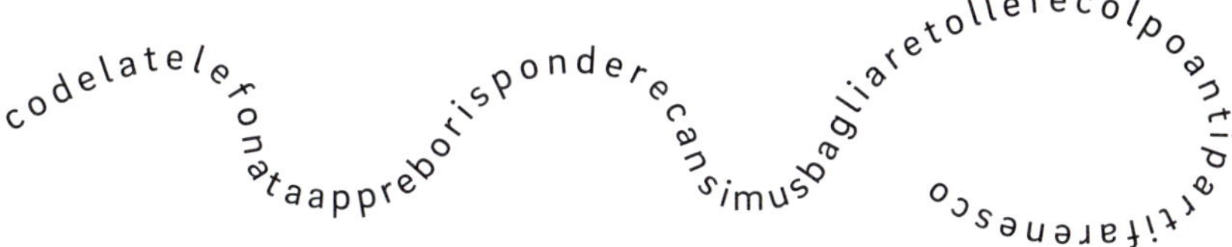

1. ans Telefon gehen — ______________ al telefono
2. jmd. kurz anrufen — dare un ______________ di telefono a qn.
3. jmd. anrufen — fare una ______________ a qn.
4. die Telefonnummer wählen — ______________ il numero di telefono
5. sich verwählen — ______________ numero

> **!** *Fare uno squillo* heißt soviel wie „es kurz klingeln lassen“:
> *Mi fai uno squillo quando arrivi?*

84 A scuola

Stellen Sie die Wörter so zusammen, dass sich die richtigen italienischen Entsprechungen zu den unten stehenden Ausdrücken ergeben.

fare • imparare • un • fare • prendere • una • appunti
domanda • esame • fare • a memoria • silenzio

1. eine Frage stellen ______________________
2. eine Prüfung schreiben ______________________
3. sich Notizen machen ______________________
4. auswendig lernen ______________________
5. still sein ______________________

85 Al lavoro

Vervollständigen Sie die kursiv gedruckten Wendungen mit den passenden Substantiven. Wie heißen ihre deutschen Entsprechungen?

sciopero • turni • domanda • malattia • orario

1. Ecco una lista di aziende dove può *fare* ______________ *di lavoro*. Le auguro buona fortuna!
2. Oggi gli uffici del Comune[1] restano chiusi, perché i dipendenti *sono in* ______________.
3. Voi in negozio *fate* ______________ *continuato*? – Sì, ma *facciamo i* ______________: io di solito lavoro la mattina, mio marito il pomeriggio.
4. Purtroppo questa settimana devo fare gli straordinari[2], perché la mia collega è ancora *in* ______________.

[1] Comune *m* = Gemeindeverwaltung [2] fare gli straordinari = Überstunden machen

! Eleganter klingt *presentare una domanda di lavoro*!

86 Tutta una vita

Wie sagt man's richtig? Kreuzen Sie das richtige Wort an und ergänzen Sie die folgenden Wendungen.

1. die erste Klasse besuchen ... la prima
   - visitare
   - fare
   - trovare
2. bei den Eltern wohnen ... dai genitori
   - dormire
   - stare
   - andare
3. den Führerschein machen ... la patente
   - trovare
   - prendere
   - comprare
4. einen Studienabschluss machen ... una laurea
   - prendere
   - assolvere
   - studiare
5. eine Wohnung suchen cercare ...
   - appartamento
   - affitto
   - casa
6. eine Familie gründen ... una famiglia
   - sposare
   - formare
   - trovare
7. Kinder bekommen ... bambini
   - ricevere
   - prendere
   - avere

! „Wohnung" im Sinne von „Unterkunft" entspricht im Italienischen *casa*. Als Wohnform heißt sie hingegen *appartamento*. Das Apartment nennt man aber wiederum *monolocale* (wörtlich: Einzimmerwohnung).

87 Buone vacanze!

Vervollständigen Sie die kursiv gedruckten Wendungen mit den passenden Wörtern. Wie heißen ihre deutschen Entsprechungen?

la coda • il biglietto • le valigie • strada
il check-in • il pieno

- ◆ Stavolta abbiamo pensato proprio a tutto!
- ● Hai *fatto* ______________ (1.), mamma?
- ◆ Ma certo! Andata e ritorno per Honolulu. Ho anche *fatto* ______________ (2.) in Internet, così non dobbiamo *fare* ______________ (3.) all'aeroporto.
- ● Magnifico!
- ◆ Ovviamente ho già *fatto* ______________ (4.) e ho anche comprato un navigatore[1], così non *sbagliamo* ______________ (5.) per andare all'aeroporto.
- ● Perfetto! Anche ______________ (6.) le abbiamo *fatte*. Ora non resta che metterle in macchina e poi possiamo partire!

[1] navigatore *m* = Navigationsgerät

88 Solo se hai tempo...

Gabriella hat Fabio eine Nachricht hinterlassen. Lesen Sie den gesprochenen Text. Was bedeuten die unten angegebenen Ausdrücke?

Ciao Fabio,
sono Gabriella. Volevo dirti una cosa velocissima perché *ho un po' di fretta*. Stasera devo assolutamente prendere il treno delle 18 per Milano. Vado a trovare gli zii e *non vedo l'ora di* rivederli! Il problema è che non posso uscire dall'ufficio prima delle 17:30 e allora non so se *farò in tempo a* prendere il treno... Tu non potresti magari darmi un passaggio[1]? Il treno non è mai *in orario*, quindi con il tuo aiuto potrei farcela! Purtroppo però dovremo *fare presto* e non avremo il tempo di fermarci a bere qualcosa. Lo faremo un'altra volta! Oops, adesso *si è fatto tardi*, *è ora di* tornare al lavoro. Sai, il mio capo[2] si arrabbia se *sono in ritardo*. Fammi sapere, grazie! Ah, naturalmente, solo se hai tempo...

[1] dare un passaggio a qn. = jmd. mit dem Auto mitnehmen [2] capo = Chef(in)

1. avere fretta ______
2. non vedere l'ora di fare qc. ______
3. fare in tempo a fare qc. ______
4. essere in orario ______
5. fare presto ______
6. farsi tardi ______
7. essere ora di fare qc. ______
8. essere in ritardo ______

! Wenn Sie Zeit (und Lust) haben, erwarten Sie noch folgende Übungen zum Thema „Zeit": 102, 103 und ... 89 auf der nächsten Seite.

89 Ogni cosa a suo tempo

Ordnen Sie zu.

1. in jüngster Zeit
2. in letzter Zeit
3. in nächster Zeit
4. vor langer Zeit
5. zu meiner Zeit
6. im Laufe der Zeit
7. zu jeder Zeit
8. die ganze Zeit
9. zur rechten Zeit
10. um diese Zeit

a. in ogni momento
b. con il passare del tempo
c. ai miei tempi
d. a quest'ora
e. per tutto il tempo
f. recentemente
g. negli ultimi tempi
h. molto tempo fa
i. prossimamente
j. al momento giusto

1.	2.	3.	4.	5.	6.	7.	8.	9.	10.
f									

90 Ma cosa fai?!

Stellen Sie die Silben so zusammen, dass sich die passenden Ergänzungen für die unten stehenden Ausdrücke ergeben.

au- • scher- • at- • stu- • fi- • -ten- • -gu- • -zio-
-pi- • -gu- • -do • -zo • -ri • -ra • -ne

1. jmd. einen Streich spielen — fare uno ________________ a qn.
2. jmd. gratulieren[1] — fare gli ________________ a qn.
3. einen guten Eindruck machen — fare una bella ________________
4. sich blöd anstellen — fare lo ________________
5. auf etw. aufpassen — fare ________________ a qc.

[1] im Sinne von „alles Gute wünschen"

91 Scomporre[1]...

Wie sagt man's richtig? Finden Sie die richtige italienische Entsprechung zu den folgenden zusammengesetzten Wörtern.

1. Schlafzimmer	camera ...	per dormire da letto da sogno
2. Hausarzt	medico ...	di famiglia di casa di appartamento
3. Tanzstunde	... di ballo	scuola lezione ora
4. Kochbuch	libro ...	del cuoco per cucinare di cucina
5. Telefonbuch	... telefonico	registro libro elenco
6. Speisekarte	lista ...	da mangiare dei piatti delle ricette
7. Stadtplan	... della città	piano pianta albero

[1] scomporre = zerlegen

! Möchten Sie sich das Leben einfacher machen? Dann können Sie für „Speisekarte" auch *menù* sagen!

92 ...e ricomporre[1]

Bilden Sie Wortpaare, damit sich die passenden Entsprechungen der folgenden Substantive ergeben.

carta · guida · storico · grande · domestico · parco · geografica · animale · scuola · centro · magazzino · giochi

1. Landkarte ______ ______
2. Fahrschule ______ ______
3. Altstadt ______ ______
4. Haustier ______ ______
5. Kaufhaus ______ ______
6. Spielplatz ______ ______

[1] ricomporre = wieder zusammensetzen

93 Mi hai fatto...

Ergänzen Sie die passenden Verben. Wie heißen die deutschen Entsprechungen der Zusammensetzungen aus *fare* + Substantiv?

arrabbiare • ridere • piangere • impazzire

1. Nel tempo libero faccio il clown. Vado negli ospedali e cerco di far ______ i bambini.
2. Questa canzone è bellissima, ma mi fa ______ ogni volta che la ascolto...
3. Adesso basta! Questa volta Ferdinando mi ha fatto proprio ______!
4. Sembra un esercizio facile, eppure[1] mi ha fatto ______!

[1] eppure = und doch

4.2 So viele Bilder im Kopf

Bildliche Redewendungen

Was hat eine Leiche im Keller mit einem Skelett im Schrank gemeinsam? Auf den ersten Blick nicht viel, außer dass man in so einem Haus nicht so gerne wohnen würde. Auf den zweiten Blick: Beide Bilder drücken das Gleiche aus, auch wenn die Italiener derlei Hinterlassenschaften woanders aufbewahren ... Augen auf: Auf solche Bildunterschiede kommt es nun an!

94 Occhio ai dettagli

Ergänzen Sie die Redewendungen. Die Bilder in beiden Sprachen unterscheiden sich nur im Detail.

turco[1] • acqua • mare • buco[2] • scherzare • pasta

1. ein Schlag ins Wasser	un __________ nell'acqua
2. aus dem gleichen Holz geschnitzt sein	essere della stessa __________
3. ein Tropfen auf den heißen Stein	una goccia nel __________
4. mit dem Feuer spielen	__________ col fuoco
5. rauchen wie ein Schlot	fumare come un __________
6. das ist Schnee von gestern	è __________ passata

[1] turco = Türke
[2] buco = Loch

95 La ciliegina sulla torta

Diesmal sind die Bilder ganz unterschiedlich. Ordnen Sie zu.

1. das Tüpfelchen auf dem i
2. eine Leiche im Keller haben
3. zwei Fliegen mit einer Klappe schlagen
4. jmd. Steine in den Weg legen
5. jmd. auf den Wecker gehen
6. Geld zum Fenster hinauswerfen
7. eine harte Nuss zu knacken

a. avere uno scheletro nell'armadio
b. prendere due piccioni[1] con una fava[2]
c. la ciliegina sulla torta
d. avere le mani bucate
e. una gatta da pelare[3]
f. mettere i bastoni[4] fra le ruote a qn.
g. rompere le scatole a qn.

1.	2.	3.	4.	5.	6.	7.
c						

[1] piccione *m* = Taube
[2] fava = Saubohne
[3] pelare = *hier:* kahl scheren
[4] bastone *m* = Stock

96 Nero su bianco

Ergänzen Sie die passenden Farben. Eine Farbe brauchen Sie zweimal! Wie lauten die entsprechenden Redewendungen im Deutschen?

rosso • nero • bianco • verde

1. Ma cosa ti è successo? Hai un occhio ____________!
2. Hai visto? Da quando ho scelto un look più moderno, le mie amiche sono ____________ d'invidia[1]...
3. Matteo è un bambino timidissimo[2]. Ogni volta che la maestra gli fa una domanda, diventa ____________ come un peperone.
4. Gianluca, sei sicuro di sentirti bene? Sei ____________ come un lenzuolo[3]...
5. Silvio vede sempre tutto ____________, è la persona più pessimista che io conosca.

[1] invidia = Neid [2] timido = schüchtern [3] lenzuolo = Betttuch

97 In cucina

Ergänzen Sie die Redewendungen.

piatto • carota • pane • uovo • bere

1. mit Zuckerbrot und Peitsche	col bastone[1] e la ____________
2. das Haar in der Suppe finden	cercare il pelo[2] nell'____________
3. auf dem silbernen Tablett servieren	servire su un ____________ d'argento[3]
4. das nehme ich dir nicht ab	questa non me la dai a ____________
5. jmd. reinen Wein einschenken	dire ____________ al pane e vino al vino

[1] bastone *m* = Stock [2] pelo = Körperhaar [3] argento = Silber

98 Come cane e gatto

Ergänzen Sie die passenden Tiernamen. Wie lauten die entsprechenden Redewendungen im Deutschen?

lupi[1] • topo[2] • volpe[3] • lumaca[4] • gallina[5]

1. Si vede che Ernesto è una vecchia ____________. Ha già fatto queste cose mille volte.
2. C'è qualcosa in frigo? Quando torno dal corso di nuoto ho sempre una fame da ____________!
3. Ti dico la mia filosofia? È meglio un uovo oggi che una ____________ domani.
4. Beep! Beep! E dai! Non vedi che il semaforo è verde? Sei proprio una ____________!
5. Il figlio dei vicini non fa altro che leggere, è un vero ____________ di biblioteca.

[1] lupo = Wolf
[2] topo = Maus
[3] volpe *f* = Fuchs
[4] lumaca = Schnecke
[5] gallina = Henne

! Besonders beliebt sind Redewendungen mit Pferden, von *essere a cavallo* (über den Berg sein), *una febbre da cavallo* (sehr hohes Fieber), *un cavallo di battaglia* (eine Glanznummer, eine Stärke) über *Campa cavallo (che l'erba cresce)...* (Da kann man warten, bis man schwarz wird) bis hin zu *A caval donato non si guarda in bocca* (Einem geschenkten Gaul schaut man nicht ins Maul).

99 Parti del corpo

Ersetzen Sie die kursiv gedruckten Redensarten durch die passenden Umschreibungen und konjugieren Sie die darin enthaltenen Verben. Wie lauten die entsprechenden Redewendungen im Deutschen?

non fare mai niente • sentirsi sollevato[1] • sperare nella fortuna
essere la collaboratrice più importante • più o meno

1. Finalmente sto meglio. Ho detto tutta la verità a mia moglie e *mi sono tolto un peso*[2] *dallo stomaco*!
2. A casa devo sempre fare tutto io: mio marito *non muove mai un dito*!
3. Quanto costerà il viaggio in aereo fino a Palermo? – Beh, *a occhio e croce* direi sui 400 euro.
4. Per il direttore Marinella è molto più di una segretaria. – Eh già, è niente meno che *il suo braccio destro*.
5. Volete diventare milionari? Allora provate a indovinare il numero magico! Poi non resta che *incrociare*[3] *le dita*...

[1] sollevato = erleichtert
[2] peso = *hier:* Last
[3] incrociare = kreuzen

! Achtung! Jeder „kreuzt die Finger" in Italien für sich selbst! Wenn Sie jemandem die Daumen drücken wollen, dann müssen Sie ihm *In bocca al lupo!* (wörtlich: „Dem Wolf ins Maul!") wünschen.

4.3 Wie sagt man nochmal …?

Wo Italiener anders ticken

„Ich habe fertig!" Hinter diesem legendären Spruch von Giovanni Trapattoni steckt nicht nur eine falsche Wortwahl, sondern auch eine abweichende Satzkonstruktion: *Ho finito!* heißt ja soviel wie „Ich habe beendet!". Umdenken ist also angesagt, wenn Sie bestimmte Sätze im Italienischen bilden. Oder möchten Sie sich etwa wie Trapattoni verewigen?

100 Un amico tedesco

Übersetzen Sie die Sätze und vervollständigen Sie den Dialog.

■ Thorsten, ti presento mio figlio Riccardo.

● Ciao Riccardo, piacere di conoscerti!

◆ _ _ _ _ _ _ _ _ _ _ _, _ _ _ _ _ _ Müller.

Hallo, Herr Müller.

● _ _ _ _ _ _ _ _ _ _ _ _ _ _, Riccardo?

Wie alt bist du, Riccardo?

◆ Ho 8 anni.

● E _ _ _ _ _ _ _ qui al mare?

Und wie gefällt es dir hier am Meer?

◆ Sì, mi piace. Ma... Lei di dov'è?

● _ _ _ _ _ _ _ _ _ _ _ _. Perché?

Ich bin aus Deutschland. Warum?

◆ Beh, parla benissimo l'italiano!

> ! Auf *Sono di* kann nur der Name einer Stadt folgen: *Sono di Monaco.* Das Land können Sie durch die Nationalität angeben oder Sie verwenden das Verb *venire*: *Vengo dalla Germania.*

101 Che ore sono?

Beantworten Sie die Fragen. Welche Uhrzeiten kann man unterschiedlich ausdrücken?

Che ore sono?

1. ______
2. ______
3. ______
4. ______

A che ora...?

5. ______
6. ______
7. ______
8. ______

! Wo steht gegebenenfalls das Wort *ore*? Richtig: vor der Uhrzeit, nicht danach! *Sono le (ore) venti.*

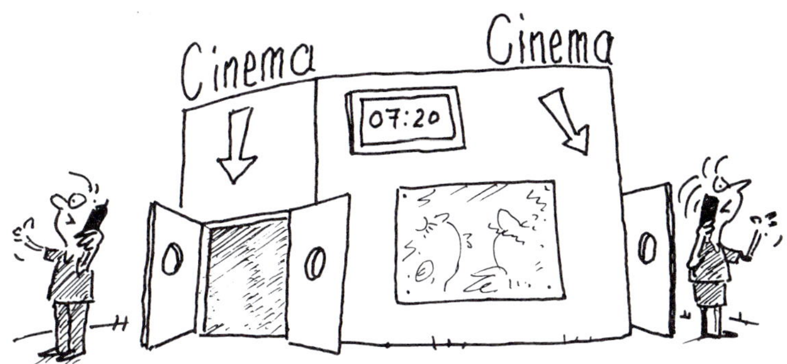

102 Il tempo passa...

Ergänzen Sie. Die Ausdrücke verlaufen chronologisch von links nach rechts.

1. _questa_ mattina → questo pomeriggio → ________ sera
2. ________ mattina → ________ pomeriggio → ieri sera
3. ________ ieri → ieri → oggi → domani → ________ domani
4. dieci minuti ________ → adesso → ________ dieci minuti
5. mezz'ora ________ delle due → alle due → mezz'ora ________ le due
6. la settimana ________ → questa settimana → la ________ settimana

! Anstelle von *questo pomeriggio* können Sie *oggi pomeriggio* sagen! Die Varianten *stamattina* oder *stasera* haben Sie bestimmt auch schon gehört, oder?

103 Qualche secolo fa

Ordnen Sie die Jahreszahlen den passenden Jahrhundertangaben zu und setzen Sie Letztere anschließend in den Sätzen ein. Die Präposition *di* soll dabei mit dem Artikel verschmelzen!

1860 | 1455 | 1969 | 1712 | il Quattrocento | il ventesimo secolo | il diciottesimo secolo | l'Ottocento

1. Quando è uscito il primo libro stampato in Europa? – Alla metà di ________________.
2. Quando è stata costruita la prima macchina a vapore[1]? All'inizio di ________________.
3. Quando è stato inventato il telefono? – Intorno alla metà di ________________.
4. Quando è andato l'uomo sulla luna? – Verso la fine di ________________.

[1] vapore *m* = Dampf

104 Burocrazia

Übersetzen Sie die Sätze und vervollständigen Sie den Dialog.

◆ Da _ _ _ _ _ _ t _ _ _ _ aspetta?
Wie lange warten Sie?

● Da tanto tempo...

◆ E _ _ _ _ _ _ _ _ _ _ _ _ è già venuta qui?
Und wie oft waren Sie schon hier?

● Tante volte. La prima volta è stata _ _ _ 2010, _ _ 24 agosto 2010.
Sehr oft. Das erste Mal war es 2010, am 24. August 2010.

◆ Oggi però possiamo finalmente chiudere la pratica[1]!

● Davvero?

◆ Naturalmente no... _ _ _ g _ _ _ _ _ è oggi?
Natürlich nicht. Der Wievielte ist heute?

● Oggi... è _ _ _ _ _ _ _ _ aprile.
Heute ... ist der 1. April.

◆ Appunto! Purtroppo... La devo pregare di tornare il prossimo anno...
Eben! Leider ... muss ich Sie bitten, nächstes Jahr wieder zu kommen ...

[1] pratica = Vorgang, Fall, Akte

105 Una parola di meno

Übersetzen Sie die Sätze. Ein Wort bleibt jeweils unübersetzt.

1. Wie ist das möglich?

 ____

2. Oh, das tut mir sehr leid!

 ____

3. Das macht keinen Unterschied.

 ____

4. Was?! Das verstehe ich nicht ...

 ____

5. Das ist wirklich sehr nett[1] von Ihnen[2]!

 ____

[1] nett = *hier:* gentile [2] von Ihnen = *hier:* da parte Sua

106 Domande, domande, domande

Ergänzen Sie die passenden Fragewörter.

come • quanto • qual • dove • cosa • che

1. Woher wissen Sie das? ____________ lo sa?
2. Wie meinst du das? ____________ intendi[1]?
3. Wie ist Ihre Adresse? ____________ è il Suo indirizzo?
4. Wie sieht es aus? ____________ aspetto ha?
5. Wie hoch ist der Mont Blanc? ____________ alto è il Monte Bianco?
6. Wohin gehst du? ____________ vai?

[1] intendere = meinen

! Wenn Sie nach den Kosten fragen, dann brauchen Sie das Verb *ammontare* (betragen): *A quanto ammontano i costi?* (Wie hoch sind die Kosten?)

107 In bicicletta con il cane

Übersetzen Sie die Sätze und vervollständigen Sie den Dialog.

◆ Ciao Giuliano!

● Ciao Roberto! Come _ _?

Hallo, Roberto! Wie geht's?

◆ Bene, grazie. E tu, come _, _ _ _? È t _ _ _ _ che non ci vediamo!

Gut, danke. Und wie geht's dir? Wir haben uns lange nicht gesehen!

● _ _ _ _ _' _ _ bene. Ma _ _ _ bel cane che _ _ _!

Auch gut. Du hast aber einen schönen Hund!

◆ Non è _ _ _.

Er gehört nicht mir.

● E di _ _ _ è allora?

Und wem gehört er denn?

◆ _ _ _ _ mio vicino.

Er gehört meinem Nachbarn.

● Guarda! Adesso sbadiglia. Ha s _ _ _ _?

Schau! Jetzt gähnt er. Ist er müde?

◆ No. È solo _ _ _ vuole c _ _ _ _ _ _ _ a r e a correre.

Nein. Es ist nur so, dass er weiterlaufen will.

● Capisco. Comunque b _ s _ _ _ a organizzare una _ _ _ _ _ _ con gli amici prossimamente.

Verstehe. Jedenfalls müssen wir mal demnächst einen Abend mit den Freunden organisieren.

◆ Ma certo! Adesso però devo andare. _ _ _ _ _ _ _ _ _ _ _ _ _ _ _!

Aber sicher! Jetzt muss ich aber gehen. Schönen Tag noch!

● Anche _ _ _. _ _ _ _!

Dir auch. Tschüss!

108 Loro, loro e ancora loro

Übersetzen Sie die Sätze. Formulieren Sie Aktivsätze in der 3. Person Plural.

1. Was läuft im Kino?
   Che cosa danno al cinema?
2. In unserem Viertel hat ein neues Restaurant eröffnet.
   ___
3. Und man sagt, er sei treu[1] ...
   E poi
4. Ein neuer Planet[2] wurde entdeckt.
   ___
5. Ferdinando, du wirst gerufen!
   ___

[1] fedele = treu
[2] pianeta *m* = Planet

109 Progetti

Unterstreichen Sie jeweils die Zeitform, die besser passt. Welche Zeitform würden Sie im Deutschen verwenden?

1. Tra un paio d'anni (festeggiamo / festeggeremo) le nostre nozze d'argento[1].
2. Se continuano a venire così tanti clienti, (dobbiamo / dovremo) aprire una nuova filiale.
3. Ci siamo trovati benissimo nel vostro villaggio turistico. (Torniamo / Torneremo) di sicuro!
4. (Mi sento / Mi sentirò) vecchio il giorno in cui (smetto / smetterò[2]) di essere curioso.
5. Tra qualche mese mia figlia (comincia / comincerà) ad andare a scuola.

[1] nozze d'argento *f pl* = Silberhochzeit
[2] smettere = aufhören

110 Al ristorante

Ordnen Sie zu und vervollständigen Sie die Sätze.

1. Was möchten Sie trinken?
2. Schmeckt es dir?
3. Es schmeckt sehr gut!
4. Zahlen, bitte!
5. Ich lade dich ein!

a. Ti _ _ _ _ _?
b. _ _ _ _ _ _ _ _, per favore!
c. Cosa *d* _ _ _ _ _ _ _ da bere?
d. _ _ _ _ _ io!
e. È _ _ _ _ _ *b* _ _ _ _!

1.	2.	3.	4.	5.

111 A tavola!

So reden echte Italiener ... Formulieren Sie Sätze nach dem Muster – stellen Sie dabei das Objekt an den Satzanfang und achten Sie auf das passende Objektpronomen.

1. (noi) – prendere – l'aperitivo – in giardino
   L'aperitivo lo prendiamo in giardino .
2. (noi) – fare sempre – gli spaghetti – al dente
   ______________________________ .
3. (tu) – avere buttato[1] – la pasta
   ______________________________ ?
4. (voi) – non volere – le patatine fritte
   ______________________________ ?
5. (noi) – mangiare – il dolce – un po' più tardi
   ______________________________ .
6. (tu) – volere – il caffè – liscio o macchiato
   ______________________________ ?

[1] buttare = *hier:* ins kochende Wasser werfen

112 Sono stato io!

Formulieren Sie Antworten auf die folgenden Fragen nach dem Muster.

1. Chi ha lavato la macchina? (il papà)
   L'ha lavata il papà.
2. Chi ha tagliato l'erba in giardino? (il mio ragazzo)
   ______
3. Chi ha stirato le camicie? (la nonna)
   ______
4. Chi è andato a fare la spesa? (Giovanni)
   Ci ______
5. Chi va a prendere dei pomodori nell'orto? (io)
   Ci ______
6. Chi prepara la cena stasera? (tu)
   ______

> **!** Wissen Sie noch, wann das Partizip angeglichen werden muss? Wenn nicht, sehen Sie sich doch die Übung 215 an. Es lohnt sich!

113 Per favore!

Ergänzen Sie die italienischen Entsprechungen der folgenden Sätze.

può • preghiamo • scusi • grazie • scusa • grazie

1. Wie, bitte? Bist du sicher?	Come, ______? Sei sicuro?
2. Bitte bezahlen Sie an der Kasse.	______ pagare alla cassa, ______.
3. Wo ist der Aufzug, bitte?	L'ascensore dov'è, ______?
4. Noch etwas Kuchen? – Ja, bitte!	Ancora un po' di dolce? – Sì, ______!
5. Bitte informieren Sie uns.	La ______ di informarci.

114 Memoria

Vervollständigen Sie die italienischen Sätze und ordnen Sie sie ihren deutschen Entsprechungen zu.

di • ci • ricordi • cosa • ricordo • dire • fai • credo

1. Come ________ a non saperlo?

2. Non ________ credo!

3. Cosa vuol ________ ...?

4. Credo ________ sì!

5. Non mi ________ più...

6. Non so ________ dire...

7. ________ di no!

8. Ti ________ ...?

a. Was heißt ...?
b. Hhm, das weiß ich jetzt nicht mehr ...
c. Wie kannst du es nicht wissen?
d. Ich weiß nicht, was ich sagen soll ...
e. Kennst du noch ...?
f. Das glaube ich nicht!
g. Ich glaube nicht!
h. Ich glaube schon!

1.	2.	3.	4.	5.	6.	7.	8.

115 Ci mancava anche questo!

Setzen Sie das Wort *anche* an der richtigen Stelle ein. In manchen Sätzen ist mehr als eine Lösung möglich.

1. Io vengo da Stoccarda.
2. Questo treno va a Milano?
3. Quelle scarpe blu mi sembrano eleganti!
4. Lavori da casa?
5. Loro sono venuti!
6. Lo fai tu?
7. Volevo ringraziarti...

116 Neanch'io!

Übersetzen Sie die folgenden Sätze. In manchen Fällen ist mehr als eine Lösung möglich.

1. Ich habe keine Lust. – Ich auch nicht.

   ____

2. Ich habe keinen Hunger und auch keinen Durst.

   ____

3. Du nimmst keinen Kaffee? Dann nehme ich auch keinen.

   ____

4. Wir wissen nicht einmal, wo wir anfangen sollen.

   ____

5. Auch heute hat er keine Zeit für uns.

   ____

117 Questo o quello?

Ergänzen Sie die Übersetzungen passend.

1. Das Auto da will ich kaufen!	Voglio comprare ____________ macchina!
2. Welche Hose gefällt dir besser? Die hier oder die da?	Che pantaloni ti piacciono di più? ____________ o ____________?
3. Kennst du den da mit dem Bart?	Conosci ____________ lì con la barba?
4. Für die, die es noch nicht wissen: Ich heirate!	Per ____________ che ancora non lo sanno: mi sposo!
5. Dieser Hund erinnert mich an den meines Bruders.	____________ cane mi ricorda ____________ di mio fratello.
6. Mit den Schuhen kommst du nicht rein!	Con ____________ scarpe tu non entri!

! Vor einem Substantiv nimmt *quello* unterschiedliche Formen an. Welche? Das erfahren Sie in Übung 143!

118 Che piacere!

Wie würden Sie die folgenden Sätze ergänzen? Welches deutsche Verb würden Sie in solchen Fällen verwenden?

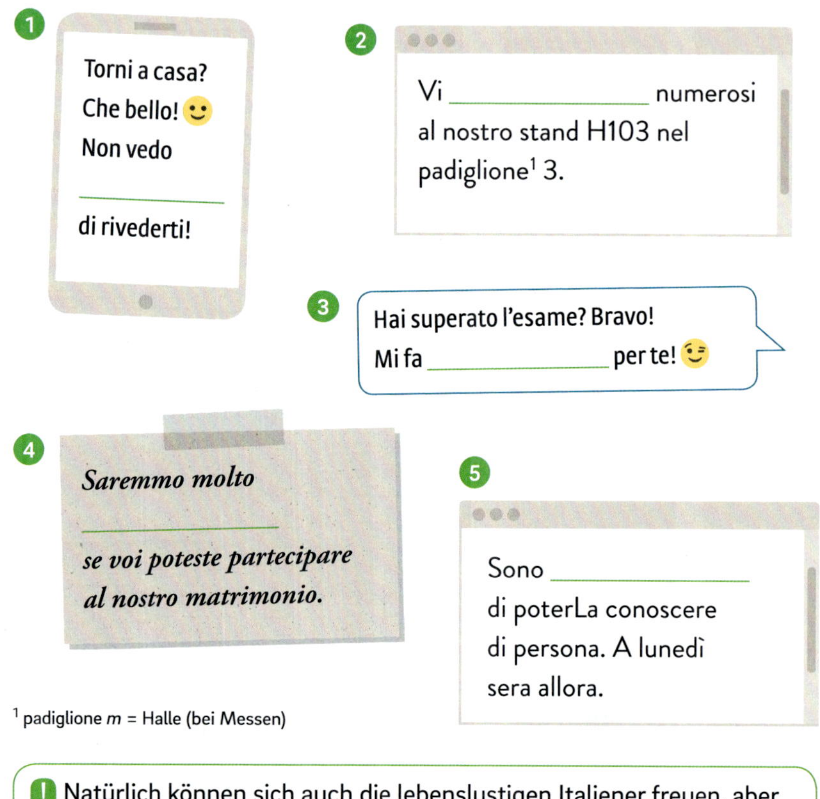

[1] padiglione *m* = Halle (bei Messen)

> ! Natürlich können sich auch die lebenslustigen Italiener freuen, aber der Begriff der Vorfreude hat nicht wirklich Eingang in die italienische Sprache gefunden. Das erklärt womöglich auch, warum das Verb „sich freuen" so schwer wiederzugeben ist …

119 La notte prima degli esami

Am Abend vor der Abiturprüfung kreisen die Gedanken ... Formulieren Sie die Sätze in den Sprechblasen um. Welches Wörtchen brauchen Sie dabei nicht?

1. Sì, sono preparato!

2. Farò una bella figura?

3. Prima di cominciare devo spegnere il cellulare!

4. E ora come faccio a[1] calmarmi?

5. Perché non ho chiesto gli appunti[2] ai compagni?

6. Non mi ricordo più niente!!

1. *So di essere preparato!*
2. *Spero…*
3. *Prima di cominciare devo ricordarmi…*
4. *Non so…*
5. *Non ho più pensato…*
6. *Mi sembra…*

[1] Come faccio a ...? = Wie schaffe ich es, ...?
2 appunto = Notiz

Möchten Sie dieses Thema vertiefen? Dann werfen Sie doch einen Blick auf Übung 242!

120 Desideri

Übersetzen Sie die Sätze. Für jeden Satz brauchen Sie jeweils eines der angegebenen Wörter.

piacerebbe • vorrebbe • preferisco • piace
preferirebbe • meglio

1. Meine Eltern reisen gern.

   ____

2. Meine Mutter möchte gerne einmal die Uffizien besichtigen.

   ____

3. Mein Vater möchte aber lieber den Ätna besteigen[1].

   ____

4. Meine Mutter würde gerne auch eine Gondelfahrt[2] in Venedig machen.

   ____

5. „... dann geh doch lieber allein!", sagt mein Vater.

   se vai da sola!

6. Ich fahre lieber nicht mit meinen Eltern in Urlaub ...

   ____

[1] salire su = besteigen
[2] gita in gondola = Gondelfahrt

> ! Klar, in solchen Fällen könnte man auch das Wort „gerne" eins zu eins übersetzen. Der Haken dabei? Es würde nicht so authentisch klingen!

Grammatik

5. Artikel

5.1 Im Regeldickicht

Bestimmte und unbestimmte Artikel

Wissen Sie noch, wie viele bestimmte Artikel es im Italienischen gibt? Genau, sieben! Hinzu kommen noch vier unbestimmte Artikel. Bei welchen Anfangsbuchstaben welcher Artikel gebraucht wird, ist selbstverständlich genau geregelt. Klingt ein bisschen bürokratisch und das ist es ja auch. Das Gute dabei: Bei einem Regelverstoß versteht man sich trotzdem – außerdem halten Italiener von Regeln bekanntlich auch nicht viel ...

121 Con o senza l'apostrofo?

Nichts fürs Ohr! Die Unterscheidung zwischen *un* und *un'* (mit oder ohne Apostroph) spielt nur im schriftlichen Italienisch eine Rolle. Ordnen Sie die Substantive dem passenden Artikel zu. Wo sind beide Artikel möglich?

impiegato[1] • impiegata • aperitivo • idea • animale
errore • isola • arancia • uomo • informazione • esame
orologio • insegnante • emozione

un				
un'				

un				
un'				

[1] impiegato/a *m/f* = Angestellte(r)

! Wie war das nochmal mit den Substantiven auf *-e*? Wenn Sie es nicht mehr wissen, werfen Sie doch einen Blick auf Übung 130.

122 Articolo 1

Welche Substantive verlangen den unbestimmten Artikel *uno* bzw. den bestimmten Artikel *lo*? Finden Sie sie heraus.

~~scrittore~~ • attore • pranzo • psicologo • prezzo • esempio
yogurt • guanto[1] • video • specchio • semaforo • squadra
goal • zio • sogno • scandalo

1. uno/lo *scrittore*
2. uno/lo ____________
3. uno/lo ____________
4. uno/lo ____________
5. uno/lo ____________
6. uno/lo ____________

[1] guanto = Handschuh

123 Quegli strani articoli...

Setzen Sie in den Plural bzw. in den Singular.

1. l'antipasto — *gli antipasti*
2. lo sconto[1] — ____________
3. l'appuntamento — ____________
4. lo zaino[2] — ____________
5. ____________ — gli esercizi
6. ____________ — gli ombrelli
7. ____________ — gli pseudonimi
8. ____________ — gli studenti

[1] sconto = Rabatt
[2] zaino = Rucksack

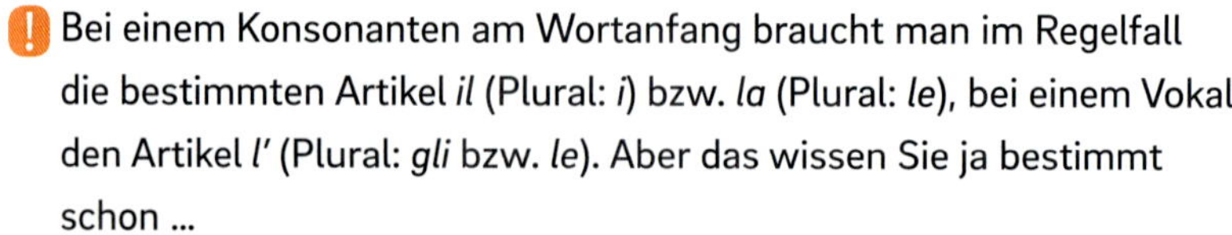

! Bei einem Konsonanten am Wortanfang braucht man im Regelfall die bestimmten Artikel *il* (Plural: *i*) bzw. *la* (Plural: *le*), bei einem Vokal den Artikel *l'* (Plural: *gli* bzw. *le*). Aber das wissen Sie ja bestimmt schon ...

124 Tutti insieme, appassionatamente!

Unterstreichen Sie jeweils den richtigen Artikel.

1. Ho scoperto (una / un / uno) ricetta interessante: sono (i / gli / le) gnocchi alla vicentina[1], si fanno con (le / lo / la) cannella[2] e (lo / il / le) zucchero.
2. Posso buttare via (le / lo / il) giornale? – No, aspetta. C'è (un / un' / uno) articolo che vorrei leggere.
3. (Le / Gli / L') autostrade italiane sono quasi tutte a pagamento.
4. Ti trovo proprio bene! Sei stata in vacanza? – No, è (il / l' / lo) yoga che mi aiuta a stare meglio.
5. In Italia (gli / i / il) matrimoni misti non sono più (un' / un / uno) eccezione.
6. Il vicino ha comprato (un / uno / una) stereo nuovo...

[1] alla vicentina = wie sie in Vicenza zubereitet werden
[2] cannella = Zimt

5.2 Mit oder ohne?

Gebrauch der Artikel

Vorrei un caffè e il giornale di oggi. So weit, so gut: Die zwei Artikel würden Sie hoffentlich genauso verwenden und im Café mühelos zu Ihrem Espresso und Ihrer Tageszeitung kommen. Was ist aber, wenn Ihr *barista* Sie auf Deutsch fragt: „Mögen Sie den Fußball?" Oder wenn Sie im Italienischen einen Artikel gebrauchen, wo er ihn gar nicht erwartet? Also, aufgepasst: Genau auf solche Fälle kommt es hier an.

125 Con o senza l'articolo?

Ergänzen Sie den bestimmten Artikel, wo nötig. Verschmelzen Sie gegebenenfalls die Präposition mit dem Artikel.

1. Buongiorno, ___ signor Bianchi. Che piacere rivederLa!
2. Sai per caso[1] come sta ___ signor Casini? È da tanto tempo che non lo vedo...
3. Veniamo ogni anno da ___ Svizzera a passare le vacanze qui sul Gargano.
4. In questo momento sono in giro[2] per lavoro. Mi trovo a Klagenfurt, in ___ Austria.
5. Sto imparando ___ italiano, perché sono un grande appassionato di opera.
6. Indubbiamente ___ calcio è lo sport più popolare del mondo.
7. Quand'ero più giovane, passavo tutti i fine settimana a giocare a ___ ping-pong con gli amici.

[1] per caso = zufällig
[2] in giro = unterwegs

! Ob eine Präposition allein oder mit Artikel verwendet wird, lässt sich leider nicht immer logisch erklären. Da hilft nur viel lesen und hören ... oder auswendig lernen!

126 Quando ci vuole ci vuole

Übersetzen Sie. Achten Sie auf die Verwendung des bestimmten Artikels.

1. Deutsch ist eine schwierige Sprache.

   ____

2. Freitags um drei (Uhr) bin ich meistens[1] noch bei der Arbeit.

   ____

3. Meine Freundin Eva ist heute krank. Sie hat Fieber[2].

   ____

4. Als Kind[3] mochte ich Mathematik nicht.

   ____

5. Teresa hat schwarze Haare und azurblaue Augen.

   ____

6. Frauen lieben erfolgreiche[4] Männer.

   ____

[1] di solito = meistens, für gewöhnlich
[2] febbre *f* = Fieber
[3] da bambino/a = als Kind
[4] di successo = erfolgreich

5.3 Wer teilt, hat mehr!

Teilungsartikel

Kaum eine Wortart könnte die italienische Denkweise anschaulicher machen als die Teilungsartikel. So häufig diese Wörtchen im typisch italienischen Wortschwall vorkommen, so wenig Sinn scheinen sie dabei zu haben. Und doch – eine Bedeutung haben sie schon: „etwas, einige" eben. Wie viele genau, will man gar nicht wissen ... Ach ja, das Deutsche kommt ganz ohne Teilungsartikel aus.

127 Fai tu la spesa?

Der liebe Sohn nimmt Mutters Anweisungen nicht allzu ernst. Was bestellt er alles im Tante-Emma-Laden? Ergänzen Sie, was er dem Verkäufer sagt, mithilfe des Einkaufszettels.

4 carote
5 zucchini
2 limoni
10 asparagi
1 etto[1] di mortadella
2 etti di prosciutto
1 bottiglia di olio

Vorrei... *delle carote,* ____________________

____

____

[1] etto = 100 Gramm

> ! Klar, die bestimmten Artikel müssen gut sitzen, ansonsten können Sie die Teilungsartikel erst gar nicht bilden ... Blättern Sie doch bei Bedarf zum Kapitel 5.1 zurück!

128 Più cose

Mehr als nur eins! Vervollständigen Sie die Sätze mit Angaben im Plural.

1. Ho ...una domanda da farti. Ho... *delle domande da farti* .
2. ...un bel ricordo di lui. ... ______.
3. ...uno zio a Napoli. ... ______.
4. ...un impegno[1] in giornata. ... ______.
5. ...un'informazione per voi. ... ______.

[1] impegno = Verpflichtung, Verabredung

129 Vorrei del...

Übersetzen Sie. Verwenden Sie dabei die Teilungsartikel.

1. Willst du Tee oder Kaffee trinken?
______
2. Die Großeltern haben Geschenke für die Kinder [mit]gebracht.
______
3. Im Leben gibt es Momente, die für immer in unserem Herzen bleiben.
______
4. Ich habe gute Gründe, um glücklich zu sein.
______
5. Schatz[1], du hast nette Freunde ...
______

[1] tesoro = Schatz

6. Substantive

6.1 Männlein oder Weiblein?

Geschlecht und Plural der Substantive

Zum Glück weisen auch in Italien Bildsymbole an den Toilettenschildern den richtigen Weg ... Ansonsten könnten Sie vielleicht vor der Beschriftung *signore* kurz zögern: Ist *il signore* oder *le signore* gemeint? Geschlechtertrennung ist bei italienischen Substantiven unbedingt geboten – so kommen im Alltag solche Fragen erst gar nicht auf.

130 Un po' di ordine

Ordnen Sie folgende Substantive auf -*e* dem richtigen Geschlecht zu. Wie enden sie im Plural?

colazione paese fiore cellulare chiave

frase informazione giornale lezione

colore stazione televisione ponte dente

männlich				
weiblich				

männlich				
weiblich				

! Sie sehen schon: Es kann vorkommen, dass ein männliches Substantiv im Deutschen ein weibliches Gegenstück im Italienischen hat und umgekehrt. Sonst wäre es für Sie ja viel zu einfach!

131 A lezione di plurali

Kreuzen Sie an, ob folgende Substantive männlich oder weiblich sind, und tragen Sie die Pluralform ein. Vorsicht vor Ausnahmen!

	m	w	Plural
1. fermata	●	●	______
2. piatto	●	●	______
3. problema	●	●	______
4. auto	●	●	______
5. tram	●	●	______
6. foto	●	●	______
7. menù	●	●	______
8. novità	●	●	______

132 La nostra impresa

Vervollständigen Sie die folgende Firmenpräsentation mit den passenden Wörtern in der richtigen Form.

professionista • direttore • insegnante • dipendente
assistente • dottore • collega

Siamo una piccola impresa di servizi informatici con una grande particolarità: da noi lavorano solo donne. Il nostro staff di ______ (1.) esperte è un vero e proprio team, perché non siamo soltanto ______ (2.), ma anche amiche! Volete offrire un corso di computer ai vostri ______ (3.)? La nostra ______ (4.) di informatica, la ______ (5.) Manzi, sarà felice di aiutarvi. Oppure state cercando il software giusto per il vostro business? La ______ (6.) delle vendite è a vostra completa disposizione! Allora... cosa aspettate? Contattate le nostre ______ (7.), Giulia e Marinella, per fissare un appuntamento. Basta una telefonata!

133 La settimana bianca[1]

Singular oder Plural? Unterstreichen Sie jeweils die richtige Variante.

◆ Hai fatto anche quest'anno la settimana bianca?

● Certo, come ogni (anno / anni). Sono andato con alcuni (amico / amici).

◆ E siete andati (tutto il giorno / tutti i giorni) a sciare?

● Sì, ma non abbiamo sciato (tutto il giorno / tutti i giorni).
Qualche (volta / volte) abbiamo giocato a palle di neve.

◆ Che bello! Beato te![2]

[1] settimana bianca = Skiurlaub
[2] Beato te! = Du Glücklicher!

6.2 Einer allein reicht nicht

Plural der Substantive: Fallstricke

Wie Sie sich im Italien-Urlaub mit mehr als nur einem *cappuccino*, einer *pizza* oder einem *dolce* versorgen können, das wissen Sie ja bereits. Kniffliger wird es, wenn sich mehrere Endungen zur Pluralbildung anbieten (etwa -*chi* oder -*ci*, -*ghi* oder -*gi*), oder wenn es von einem Substantiv gar keinen Plural gibt oder aber einen völlig unregelmäßigen! Aber eins nach dem anderen ...

134 Occhio alle irregolarità

Vervollständigen Sie die Sätze mit folgenden Substantiven im Plural.

uovo • braccio • uomo • mano • dito

1. Abbiamo delle ______________ fresche in frigo per fare il tiramisù?
2. E ora portate le ______________ in avanti e poi indietro, in avanti e poi indietro. Proprio così: uno-due, uno-due...
3. Ho diversi amici, ma quelli veri si contano sulle ______________ di una mano.
4. Sono cose che voi ______________ non potete capire.
5. Bambini! Lavatevi le ______________ prima di mettervi a tavola!

! Auch bei einigen anderen Körperteilen wird nicht nur die Pluralform unregelmäßig gebildet, sondern es ändert sich auch das Geschlecht, z. B. *il ginocchio* → *le ginocchia* (die Knie), *il labbro* → *le labbra* (die Lippen), *l'orecchio* → *le orecchie* (die Ohren).

135 Singolare o plurale?

Ergänzen Sie die folgenden Substantive. Achten Sie darauf, ob sie im Singular oder im Plural stehen.

pantaloni • occhiali • gente • forbici • soldi • mutande[1]

1. Che belli questi ________________ di lino[2]! – Sì, ma hai visto quanti ________________ costano?
2. Ma queste ________________ non vanno bene per te! Non vedi che sono da donna?!
3. Non mi interessa assolutamente niente quello che dice di me la ________________!
4. Hai visto i miei ________________? – Ma se li hai in mano!
5. Signora, sa che da quando L'ho operata non trovo più le mie ________________ da chirurgo?

[1] mutande *f pl* = Unterhose
[2] lino = Leinen

136 Gli amici... non sono la regola

Ergänzen Sie bei den folgenden Substantiven die richtige Pluralendung. Achten Sie auf die Betonung der Substantive!

-ci • -ci • -ci • -chi • -chi • -gi • -gi • -ghi

1. il medico — i medi__
2. l'albergo — gli alber__
3. il pacco — i pac__
4. il meccanico — i meccani__
5. il gioco — i gio__
6. il tecnico — i tecni__
7. lo psicologo — gli psicolo__
8. l'asparago — gli aspara__

! Substantive auf *-ca* bzw. *-ga* sind einfach: Sie enden immer auf *-che* bzw. *-ghe*. Die Adjektive auf *-co* können Sie in Übung 141 trainieren!

137 Una questione di accento

Sortieren Sie zunächst die Substantive anhand folgender Frage: Ist das *-i* der Endung betont oder nicht? Versuchen Sie anschließend, den Plural zu bilden. Orientieren Sie sich an den Beispielen.

~~spiaggia~~ • allergia • focaccia • farmacia • valigia • provincia
bugia[1] • camicia • faccia • analogia • goccia[2]

unbetontes -i-	Plural	betontes -i-	Plural
spiaggia	*spiagge*		
	valigie		

[1] bugia = Lüge
[2] goccia = Tropfen

7. Adjektive und Adverbien

7

7.1 Ende gut, alles gut

Endungen der Adjektive

O. K., Ihr Zimmer mit Meerblick bekommen Sie so oder so – egal ob Sie wissen oder nicht, dass auf *camera* das Adjektiv *libera* (und nicht *libero*) folgt. Wenn Sie aber Ihr attraktiver Strandnachbar fragt, ob Sie heute Abend Zeit haben, dann können Sie mit Ihrem *Sì, sono libera stasera!* schon mal punkten. Ein wenig Training mit den Endungen der Adjektive ist also unerlässlich, damit Ihre Sätze schön und rund klingen und Sie *una bella figura* machen!

138 L'arte di combinare

Was passt am besten zusammen? Ordnen Sie zu.

1. un giorno	a. aperta
2. una lettera	b. rosso
3. una storia	c. giovane
4. un vestito	d. libero
5. un maglione	e. elegante
6. una canzone	f. triste
7. uno studente	g. vera

1.	2.	3.	4.	5.	6.	7.

! Hoffentlich beherrschen Sie die Singularformen aus dem Effeff. Denn im Plural – das ahnen Sie bereits – wird das Ganze sogar noch etwas schwieriger. Achten Sie dabei besonders auf die Kombination weiblicher Substantive auf -*a* (bzw. -*e*) mit Adjektiven auf -*e* (bzw. -*a*): *una cosa importante → delle..., un'emozione vera → delle...*

139 Logico, no?

Und jetzt im Plural. Ergänzen Sie die passenden Endungen.

1. dei quadr___ modern___
2. delle giornat___ cald___
3. dei moment___ difficil___
4. delle person___ divertent___
5. molt___ paes___
6. le stess___ informazion___
7. dei color___ fort___
8. delle offert___ interessant___

140 Pronti... via!

Übersetzen Sie die Sätze und vervollständigen Sie den Dialog.

♀ Allora, ragazzi, siete pronti?

♂♂ ______________________________!

Ja, wir sind bereit!

♀ E voi ragazze?

♀♀ ______________________________!

Auch wir sind bereit!

♂♂ ______________________________?

Und du, Mama, bist du bereit?

♀ ______________________________!

Sicher! Ich bin seit einer Stunde bereit!

♀ ______________________________?

Und der Papa ... ist er bereit? Aber ... wo ist der Papa?

141 Con o senza h?

Ergänzen Sie die folgenden Adjektive. Setzen Sie sie dabei jeweils in das Maskulinum Plural.

fresco • simpatico • fantastico • ubriaco[1] • classico • unico

1. In ufficio c'è un buon clima. I miei colleghi di lavoro sono tutti molto ____________.
2. Un lavoro, dei buoni amici e tanta salute: sono i miei ____________ desideri!
3. Questa notte eravamo così ____________ che non abbiamo più trovato la strada per tornare in albergo.
4. I tuoi fratelli non sono ancora arrivati. – Come al solito! Sono i ____________ ritardatari[2]!
5. Ragazzi, complimenti! Siete stati davvero ____________!
6. Cara, ho raccolto[3] dei funghi ____________ per te! Sono buoni da morire...

[1] ubriaco = betrunken
[2] ritardatario/a *m/f* = Nachzügler(in)
[3] raccogliere (raccolto) = sammeln

! Die Adjektive auf *-go* enden im Plural immer auf *-ghi*, z. B. *lungo* → *lunghi*. Die weiblichen Pluralformen enden immer auf *-ghe*. Vgl. Übung 136.

142 Auguri!

Ergänzen Sie die Wendungen mit den passenden Formen von *buono*.

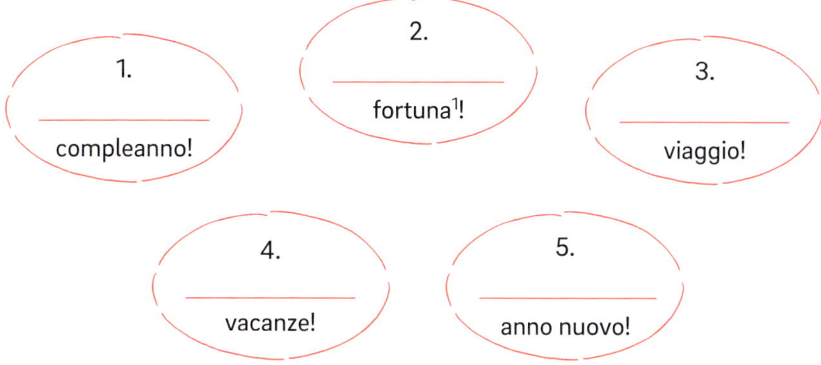

[1] fortuna = Glück

143 Proprio quello!

Wählen Sie jeweils die richtige Form von *quello* aus.

1. Io non credo a tutte (quella / quelle / quei) storie che si raccontano in televisione.
2. Simona, hai visto (quello / quel / quei) tipo? È da un'ora che ci sta guardando...
3. (Quegli / Quei / Quelle) bicchieri metteteli pure[1] sopra il tavolo in cucina.
4. Mi ricordo ancora (quelle / quello / quella) volta in cui ho visto il mio primo concerto di Vasco Rossi dal vivo[2].
5. Se questo computer non funziona, allora usate (quell' / quel / quello) altro.

[1] pure = *hier:* doch, ruhig
[2] dal vivo = live

144 Un bel sogno

Ergänzen Sie nun das Adjektiv *bello* in der richtigen Form.

Gianna abita in un grande appartamento con una ____________ (1.) terrazza. Vicino alla sua terrazza c'è anche un ____________ (2.) albero di pesco[1] con dei ____________ (3.) fiori rosa. Gianna passa molte ore in terrazza. Le piace stare in mezzo alle ____________ (4.) piante di cui si prende cura[2] ogni giorno con grande passione. Dalla sua terrazza Gianna vede il mare: che ____________ (5.) spettacolo! Lei ha anche un ____________ (6.) gatto, Silvestro, che le fa compagnia mentre guarda il mare. Silvestro è tutto nero e ha dei ____________ (7.) occhi chiari... "Miaaao!"
"Ma Silvestro! Cosa fai?! Mi hai svegliato proprio sul più bello...![3]"

[1] pesco = Pfirsichbaum
[2] prendersi cura di qn./qc. = sich um jmd./etw. kümmern
[3] sul più bello = als es am schönsten war

! Nur vor einem Substantiv verändern die Adjektive *buono*, *bello* und *quello* ihre Form. Wenn sie allein stehen, nehmen sie die üblichen Endungen *-o/a* im Singular bzw. *-i/e* im Plural an.

7.2 Jedem das Seine

Possessivadjektive

A ognuno il suo stile, a ognuno la sua parte, a ognuno... – dieser italienische Ausdruck lässt sich beliebig erweitern und macht bereits den Unterschied zu den Possessivadjektiven im Deutschen deutlich: Fast immer geht den Possessivadjektiven ein bestimmter Artikel voraus. Fast immer, aber nur fast. Wann dies nicht der Fall ist und welche Tücken sonst noch lauern, damit befassen wir uns im Folgenden.

145 Di lui o di lei?

Wem gehören die Kleidungsstücke? Ihm, ihr oder beiden? Ordnen Sie zu und ergänzen Sie das jeweilige Possessivadjektiv.

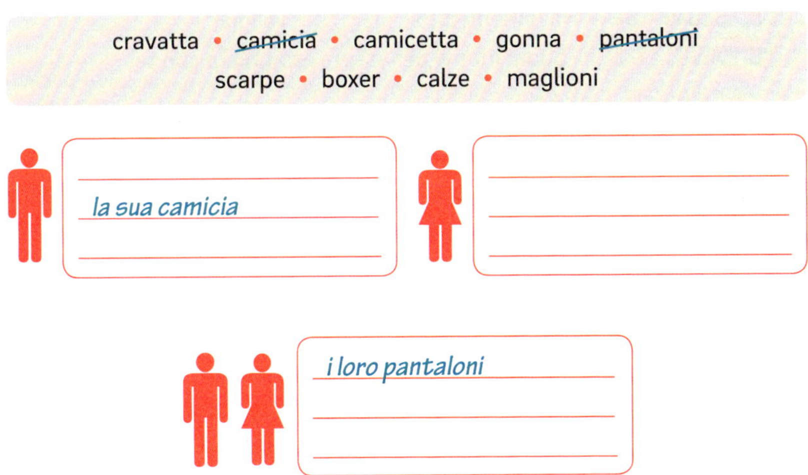

Durch das Possessivadjektiv ändert sich u. U. auch der Artikel: *l'amico* → *il suo amico, lo sbaglio* → *il suo sbaglio.* Ist doch logo, oder?

146 A ognuno il suo

Ergänzen Sie das passende Possessivadjektiv in der richtigen Form. Setzen Sie wo nötig den bestimmten Artikel ein.

suo • loro • mio • Suo • tuo • mio

1. Ma è proprio necessario fare tutti questi controlli? – Signora, sto soltanto facendo __________ lavoro.
2. Mi daresti __________ tablet per un momento? Vorrei leggere le ultime notizie.
3. Antonia vive in una bellissima villetta che le ha lasciato in eredità[1] __________ zio.
4. Ieri i nonni hanno festeggiato le nozze d'argento[2] con tutti __________ parenti.
5. Scusi! – Sì? – Ha dimenticato __________ valigia!
6. Ho __________ buoni motivi per essere arrabbiata con te!

[1] lasciare in eredità = vererben
[2] nozze *f pl* d'argento = Silberhochzeit

147 Quando il possessivo non serve

Übersetzen Sie. Das Possessivadjektiv bleibt jeweils unübersetzt.

1. Könnten Sie Ihre Schuhe ausziehen[1]?

   ____

2. Mein Kopf tut weh!

   ____

3. Willst du deine Hände waschen?

   ____

4. Der Chef[2] ändert immer seine Meinung.

   ____

[1] togliersi qc. = etw. ausziehen
[2] capo = Chef(in)

148 Preposizione + articolo = ?

Ergänzen Sie die Sätze mit dem passenden Possessivadjektiv in der richtigen Form. Verschmelzen Sie wo nötig die angegebene Präposition mit dem bestimmten Artikel. Vorsicht: In einem Fall brauchen Sie keinen Artikel!

1. Molti immigrati tornano (in) *nel loro* paese di origine[1] quando vanno in pensione.
2. Chiara è venuta qui a Milano per sentire il parere (di) ________ medico di fiducia[2].
3. Amici, grazie di cuore a tutti! (con) ________ aiuto siamo riusciti a finire in tempo.
4. Capisco perfettamente i tuoi fratelli. È chiaro che (da) ________ punto di vista[3] è difficile vedere le cose diversamente.
5. Guarda, Filippo, (a) ________ posto io non farei proprio niente. Aspetterei semplicemente che la situazione si calmi.
6. (in) ________ lavoro ho a che fare ogni giorno con molte persone di tutti i tipi.
7. Povera la mia macchina... E ora chi lo dice (a) ________ moglie?

[1] paese *m* di origine = Ursprungsland
[2] medico di fiducia = Vertrauensarzt
[3] punto di vista = Gesichtspunkt

❗ Zur Verschmelzung der Präpositionen vergleichen Sie auch mit Kapitel 9.2!

149 E tu…?

Ergänzen Sie die Fragen mit den passenden Possessivpronomen.

1. I miei genitori io li ho invitati. E tu, *hai invitato i tuoi*?
2. La mia stanza io l'ho prenotata. E Lei, ______?
3. La mia opinione io l'ho detta. Ora dite voi ______!
4. La sua parte lei l'ha fatta[1]. E il direttore ______?
5. Le nostre valigie le abbiamo prese. E gli zii, ______?

[1] fare la propria parte = *etwa:* seinen Beitrag leisten

Vor einem Possessivadjektiv kann u. a. auch ein unbestimmter Artikel stehen. So sagt man z. B. *un mio collega* (ein Kollege von mir). Solche Formulierungen werden häufiger verwendet, als sie es vermuten würden!

150 Uno dei nostri

Übersetzen Sie.

1. Sind Sie ein Kunde[1] von uns?

______

2. Das ist eine fixe[2] Idee von ihm.

______

3. Ist Laura eine Verwandte[3] von dir?

______

4. Ich bräuchte eine Meinung von euch.

______

5. Er ist nur ein Freund von mir!

______

[1] cliente *m/f* = Kunde, Kundin
[2] fisso = fix
[3] parente *m/f* = Verwandte

7.3 Größer, schöner, besser!

Steigerung der Adjektive

Lockerer und kreativer, aber auch chaotischer und impulsiver. Das ist in etwa der Ruf, den Italiener jenseits der Alpen genießen. Nein, wir möchten hier keine Klischees untersuchen – wichtig ist nur die Nachsilbe *-er*, mit der im Deutschen die Vergleichsform gebildet wird. Wie das im Italienischen geht, frischen wir in diesem Kapitel auf. Und was Italiener über Deutsche denken ... na ja, das erzählen wir Ihnen lieber ein anderes Mal ...

151 Luoghi comuni

Formulieren Sie Vergleiche nach den Angaben und ... den üblichen Klischees. Verwenden Sie dabei *più* oder *meno* und vergessen Sie nicht, das Adjektiv anzugleichen.

1. italiani / allegro / tedeschi
   *Gli italiani sono più allegri dei tedeschi*__________.
2. tedeschi / organizzato / italiani
   ______________________________.
3. tedeschi / pigro / italiani
   ______________________________.
4. donne italiane / bello / donne inglesi
   ______________________________.
5. uomo francese / elegante / uomo spagnolo
   ______________________________.
6. donna tedesca / passionale / donna italiana
   ______________________________.

> ! Wissen Sie es noch? Ein Vergleich mit „so ... wie" kann mit *(tanto) ... quanto* oder mit *(così) ... come* formuliert werden.

152 Confronti

Ergänzen Sie jeweils das Vergleichswort *che* oder *di*.

1. Questo libro è indubbiamente più utile _______ quelli che ho letto finora.
2. Di sicuro è meglio fare qualcosa _______ stare qui a guardare!
3. È un'occasione più unica _______ rara!
4. Il clima nel Sud Italia è più caldo _______ nel Nord Italia.
5. Tu che sei più informato _______ me, sai chi ha vinto gli ultimi Mondiali di calcio?
6. Oggi sto decisamente meglio _______ ieri.

153 La cosa più...

Übersetzen Sie. Achten Sie auf die unterschiedliche Wiedergabe des Superlativs.

1. Mein Freund hat am meisten von allen getrunken.

   ____

2. Das ist der Film, der mich am wenigsten interessiert.

   ____

3. Am schönsten war die Stadtführung[1].

   ____

4. Welcher Pulli gefällt dir am besten?

   ____

5. Am besten wir warten ein bisschen.

   ____

6. Wie nimmt man am besten ab[2]?

   ____

[1] visita guidata della città = Stadtführung
[2] dimagrire = abnehmen

! Aufgepasst! In manchen Fällen braucht man eine völlig andere Formulierung. Helfen Sie sich dabei mit den Wörtern *cosa* bzw. *modo*.

154 Ottimo!

Regelmäßige oder unregelmäßige Form? Wählen Sie jeweils die passende Variante.

1. Che fortuna! Abbiamo scelto il campeggio (più buono / migliore) della zona.
2. Qual è il (più buono / migliore) amico dell'uomo? Il cane o il gatto?
3. Gigi è (buonissimo / ottimo): non farebbe male a una mosca[1].
4. Questo libro è davvero insopportabile, direi che è il (più cattivo / peggiore) che io abbia mai letto.
5. Ecco, questo è un (buonissimo / ottimo) modo di entrare.

[1] mosca = Fliege

Das deutsche Wort „besser" kann durch *migliore* oder *meglio* wiedergegeben werden, je nachdem, ob es sich um ein Adjektiv oder um ein Adverb handelt. Am besten Sie wiederholen dieses Thema in Kapitel 7.4!

7.4 Der feine Unterschied

Adjektiv oder Adverb?

Abbiamo mangiato proprio bene! Gli spaghetti erano buonissimi! Schade nur, dass diese Sätze nicht so flüssig über die Lippen gehen wollen. Beim Wort „gut" bleibt Ihnen bestimmt manchmal die Sprache im Hals stecken: Geht es darum, zu sagen, wie wir gegessen haben (*bene* = Adverb) oder wie die Spaghetti waren (*buoni* = Adjektiv)? Damit Sie Ihre Komplimente auch bei vollem Magen richtig formulieren, lohnt es sich, zunächst einmal diesen Unterschied gut zu verdauen.

155 Allena la mente

Adjektiv oder Adverb? Unterstreichen Sie jeweils die richtige Form.

1. Ernesto ogni tanto sa essere molto (diretto / direttamente).
2. Ho cercato (disperato[1] / disperatamente) di convincerla a restare con me.
3. Direi che abbiamo vinto la partita (meritato[2] / meritatamente).
4. Mia nonna ha 80 anni, eppure[3] è ancora (attiva / attivamente) come una ragazzina.
5. No, grazie, devo stare (attenta / attentamente) alla linea!

[1] disperato = verzweifelt
[2] meritato = verdient
[3] eppure = und doch

! Wussten Sie schon? In bestimmten Wendungen werden Adjektive adverbial gebraucht, z. B. *andare piano/forte, parlare chiaro* usw.

156 Che bontà!

Ergänzen Sie *buono/a* oder *bene*.

1. Squisite[1] queste tagliatelle, le hai fatte proprio ____________!
2. Penso che la tua idea sia ____________, anche se sarà un po' difficile realizzarla.
3. Allora, la pasta ce l'abbiamo, il sugo anche... ____________, direi che abbiamo tutto. Possiamo andare alla cassa.
4. Purtroppo le notizie che vi porto non sono proprio ____________.
5. A dire la verità non ho l'impressione che vi siate comportati molto ____________.

[1] squisito = vorzüglich

157 Di bene in meglio[1]

Und nun die unregelmäßigen Steigerungsformen. Ergänzen Sie die Sätze.

meglio • migliore • meglio • migliore • meglio

1. Il centro storico si visita ____________ a piedi.
2. Pelè o Maradona? Chi è stato il ____________ tra i due?
3. Secondo te è vero che si viveva ____________ quando si aveva di meno?
4. Federico non lo sopporto. Crede sempre di essere ____________ degli altri.
5. Allora, come va oggi? – Non c'è male, ____________ di ieri.

[1] Di bene in meglio = *etwa:* Immer besser

! Im Alltag sagen Italiener manchmal *meglio* anstelle von *migliore.* Sie können selbstverständlich beim Wort *migliore* bleiben.

Kleine Überraschung: Im Sinne von „Es ist gut/besser" sagt man *È bene/meglio*, z. B. *È meglio cominciare da piccoli a suonare il piano* (wörtlich: „Es ist besser, von klein auf mit dem Klavierspielen anzufangen"). Es kommt aber noch dicker: Wenn man sich auf ein bestimmtes Subjekt bezieht und den Satz mit *È meglio che...* einleitet, muss man den *congiuntivo* verwenden, z. B. *È meglio che tu stia a casa* („Es ist besser, dass du zu Hause bleibst")!

158 Va bene così!

Übersetzen Sie.

1. Es ist gut, dass auch deine Eltern hier sind.

2. Es ist gut, dass auch ihr gekommen seid.

3. Es ist besser, dass Sie es wissen.

4. Es ist besser, dass du nach Hause gehst.

5. Ich glaube, dass es besser ist, wenn du in der Garage parkst.

7.5 Wohin damit?

Stellung der Adjektive und Adverbien

Was haben Sie bloß falsch gemacht, als Sie Ihre frühere italienische Gastgeberin mit den Worten *una mia amica vecchia* vorgestellt haben?! Das Adjektiv folgt doch auf das Substantiv, oder? Ja, zumindest ist es meistens so. Aber es gibt auch Adjektive, die vor dem Substantiv stehen können – mit nicht unerheblichen Folgen ... Also, nochmal: *Questa è Romina, una mia vecchia amica.* Sehen Sie, es geht doch!

159 Forme, colori e... altro ancora

Zunächst einmal der Standardfall. Bringen Sie die Wörter in die richtige Reihenfolge. Achten Sie auf die Position der Adjektive.

1. bere / bottiglia / prendo / una / Da / minerale / di / acqua

   ______________________________.

2. formaggio, / il / soprattutto / le / francesi / specialità / Adoro

   ______________________________.

3. visto / che / Hai / passato / semaforo / sei / rosso / il / con

   ______________________________?

4. usa / Per / pallone / a / un / giocare / ovale / si / rugby

   ______________________________.

5. regioni / tedesche / Alcune / religione / di / protestante / sono

   ______________________________...

> ! Natürlich gibt es auch Adjektive, die so gut wie immer dem Substantiv vorausgehen. Welche? Na ja, z. B. Ordinalzahlen wie *primo, secondo* etc., Demonstrativa wie *questo* oder *quello*, Adjektive wie *molto* oder *poco* usw.

160 Un certo problema

Hier ändert sich die Bedeutung des Adjektivs, je nachdem, ob es vor oder hinter dem Substantiv steht. Ergänzen Sie die angegebenen Adjektive in der richtigen Form und ordnen Sie sie der passenden Bedeutung zu.

1. certo	
certe informazioni	sichere Informationen
informazioni ________	gewisse Informationen
2. diverso	
________ idee	mehrere Ideen
idee ________	unterschiedliche Ideen
3. povero	
________ gente	bedauernswerte Leute
gente ________	arme Leute
4. semplice	
una ________ proposta	ein simpler Vorschlag
una proposta ________	„einfach" (nur) ein Vorschlag
5. solo	
una ________ persona	eine einzige Person
una persona ________	eine einsame Person
6. unico	
un ________ esempio	ein einziges Beispiel
un esempio ________	ein einzigartiges Beispiel
7. vecchio	
un ________ amico	ein betagter Freund
un amico ________	ein altbekannter Freund

! Ein vorangestelltes Adjektiv kann auch eine subjektive Bedeutung haben: So besteht *un problema grave* tatsächlich, während *un grave problema* eher als solches empfunden wird. Keine Sorge: Das ist schon etwas für Dichter ...

Noch ein Problem, hoffentlich ein kleines – *un piccolo problema...* Manche Adjektive haben eine unterscheidende Funktion, wenn sie auf das Substantiv folgen – das entspricht in etwa der Betonung des Adjektivs im Deutschen: *Marco è un uomo bello!* (Marco ist ein schöner [und kein hässlicher] Mann!) Ganz klar: Hier geht es um eine Feinheit – *un problema piccolo... ma interessante!*

161 Un piccolo problema

Was passt besser? Setzen Sie die richtige Form des angegebenen Adjektivs vor oder nach dem Substantiv ein.

1. Non arrabbiarti con Mario: è un ___________ collega ___________, non ha ancora molta esperienza... — giovane
2. Avrei una ___________ domanda ___________ da farti. — piccolo
3. La tua è davvero una ___________ proposta ___________, l'abbiamo già sentita diecimila volte! — vecchio
4. Sei un ___________ bambino ___________! Non gioco più con te! — cattivo
5. Oggi provo il ___________ cellulare ___________! — nuovo

7

162 O sole mio...

Setzen Sie die richtige Form des Possessivadjektivs *mio* vor oder nach dem Substantiv ein.

1. Il _____ autore _____ preferito? Non lo so... Forse Italo Calvino?
2. Diventare ballerina era un _____ sogno _____ da bambina.
3. Non fate complimenti[1]: venite tutti a _____ casa _____!
4. _____ amore _____, quando possiamo rivederci?
5. Non ho mai fatto una cosa più stupida di questa in _____ vita _____.
6. _____ mamma _____! Ma perché tutta questa confusione per niente?

[1] fare complimenti = sich zieren, Umstände machen

163 La mia infanzia[1]

Und nun zu den Adverbien. Bringen Sie die Wörter in die richtige Reihenfolge und ergänzen Sie jeweils das Adverb *molto* an der passenden Stelle.

1. ricordo / bene / mia / la / Mi / infanzia

   ______________________________.
2. scuola / A / studiava / si

   ______________________________...
3. alunno / non / bravo / un / ero / ma / io

   ...______________________________.
4. Eppure[2] / piaceva / scuola / a / mi / andare

   ______________________________.
5. amici / con / divertivo / gli / mi / classe / In

   ______________________________...
6. giornate / belle / passavamo / insieme / delle / e

   ...______________________________.
7. dire / devo / non / cambiato / sono / che / Beh,

   ______________________________...

[1] infanzia = Kindheit [2] eppure = und doch

8. Pronomen & Co.

8

8.1 Die Alleskönner

Personalpronomen

Sie können etwas unpersönlich wirken, wenn sie einem Satz fernbleiben. Oder sie zeigen sich nur ganz schüchtern und bleiben diskret im Hintergrund. Wenn man sie aber richtig betont, können sie ganz schrill und laut werden und wie eine Diva auf der Sprachbühne auftreten. Wovon ist die Rede? Na klar, von unseren wendigen Personalpronomen!

164 Pronomi tra parentesi[1]

Ergänzen Sie die passenden Personalpronomen als Subjekt, wo Sie es für nötig erachten.

1. Come può leggere nel mio curriculum, _____ ho fatto uno stage negli Stati Uniti e poi _____ mi sono specializzato in Canada.
2. Cosa fate di bello domenica sera? – Beh, andiamo al cinema all'aperto. Venite anche _____?
3. _____ non prendo il dolce, _____ lo vuoi?
4. Mio figlio ha amici in ogni parte del mondo. Pensa che _____ chatta e _____ telefona in Internet con loro ogni sera.
5. Amore, sarebbe ora di portare via la spazzatura[2]! Lo fai _____ oggi? Di solito lo faccio sempre _____!

[1] tra parentesi = in Klammern
[2] spazzatura = Müll

! Als Höflichkeitsform im Plural eignet sich am besten die 2. Person Plural *voi*. Der Gebrauch der 3. Person Plural *loro* als höfliche Anrede sollte Kellnern und Hotelpersonal vorbehalten bleiben!

165 Abbiamo tutto?

Kurz vor einem Campingurlaub. Beantworten Sie die Fragen nach dem Muster.

1. Abbiamo l'ombrellone?	Sì, *ce l'abbiamo.*
2. E la sedia a sdraio[1]?	No, ______
3. Hai i materassini?	Ma certo, ______
4. E le pentole[2]?	No, ______
5. I ragazzi hanno il loro pallone?	Sì, ______
6. E la tenda, ce l'abbiamo?	Oh, no! ______

[1] sedia a sdraio = Liegestuhl
[2] pentola = Topf

166 Pronome diretto o indiretto?

Wählen Sie jeweils die passende Ergänzung aus dem Kasten und beantworten Sie die Fragen mithilfe eines direkten oder indirekten Objektpronomens.

~~martedì~~ • ~~un anello~~ • un SMS • i cannelloni
due giorni fa • con piacere

1. Quando vedi di nuovo Lucio?	*Lo vedo martedì.*
2. Sai già cosa regalare a Mara?	Sì, ______ *un anello*.
3. Cosa ci consiglia di primo?	Hmm, ______.
4. Ricordi il nostro primo bacio?	Certo, ______!
5. Mandi una mail a tuo zio?	No, ______.
6. Hai più sentito Gabriella?	Sì, ______.

! Achten Sie bei den zusammengesetzten Zeiten insbesondere auf das Partizip – siehe dazu Übung 215. Zum Thema Objektpronomen lohnt sich auch ein Blick in Kapitel 10.6.

167 Dico a te!

Betonte oder unbetonte Objektpronomen? Unterstreichen Sie jeweils die richtige Form.

1. (Vi / A voi) consiglio di visitare il nuovo museo di arte moderna, è davvero straordinario.
2. C'è ancora una cosa che (Le / a Lei) volevo dire... – (Mi / A me)?
3. Vengo io da (ti / te) o vieni tu da (mi / me)?
4. Ti dico di sì, (li / loro) ho visti insieme, (lo / lui) e la tua ragazza, mano nella mano!
5. (Mi / A me) sembra una gran bella idea, e (ti / a te)?
6. Il vigile ha fatto la multa[1] solo (mi / a me)!

[1] multa = Bußgeld

! Nicht immer lässt sich die passende Form der Objektpronomen (betont oder unbetont) eindeutig bestimmen – es kommt ganz darauf an, was Sie sagen möchten. Vergessen Sie nicht: Die unbetonten Formen gehen im Gespräch unter, die betonten Formen lassen aufhorchen! Na ja, ein bisschen zumindest ...

168 Vita di coppia

Formulieren Sie die fehlenden Fragen und Antworten nach dem Muster. Achten Sie dabei auf die Smileys.

1. Paolo e Francesca
   A Paolo piace viaggiare? (Paolo / viaggiare)
   A Paolo sì, e a Francesca? 🙂
   Anche a lei. 🙂

2. il nonno e la nonna
   ______ (il nonno / il pasticcio di carne)
   Al nonno no, e alla nonna? ☹
   ______ *sì.* 🙂

3. Katia e Max
   ______ (Katia / fare spese[1])
   ______ 🙂
   ______ ☹

4. il vicino e la vicina
   ______ (il vicino / gli animali domestici)
   ______ ☹
   ______ ☹

[1] fare spese = shoppen gehen

> **!** Auf die Frage, ob auch Ihnen etwas gefällt oder nicht, sollten Sie folgende Antworten parat haben: 🙂 🙂 *Anche a me!*, ☹ 🙂 *A me sì!*, ☹ ☹ *Neanche a me!*, 🙂 ☹ *A me no!*

8

169 Lo si fa così!

Wandeln Sie die folgenden Sätze um, indem Sie das direkte Objekt an den Satzanfang stellen und durch ein unbetontes direktes Objektpronomen wieder aufgreifen. Achten Sie auf die Reihenfolge der Pronomen.

1. Quando si porta lo smoking?
   Lo smoking quando lo si porta?
2. Dove si scrive il mittente[1]?
3. Come si prende questo medicinale?
4. In questo caso non si usa la virgola?
5. Come si prepara la panna cotta?
6. Dove si inserisce[2] il CD?

[1] mittente *m/f* = Absender(in)
[2] inserire = einlegen

! Diese Satzbildung ist typisch für den mündlichen Sprachgebrauch. Hat es Ihnen Spaß gemacht? Dann machen Sie doch auch/nochmals Übung 111!

170 Mi + lo = me lo

Vervollständigen Sie die Antworten mit den passenden zusammengesetzten Objektpronomen. Achten Sie u. a. darauf, ob geduzt oder gesiezt wird.

1. Mi dai le chiavi? – Sì, ____________ do subito.
2. Ci presti[1] la tua macchina? – D'accordo, ____________ presto, ma andate piano, mi raccomando!
3. Mi racconti la leggenda di Romolo e Remo? – Certo, ____________ racconto molto volentieri!
4. Mostri anche a Paolino i tuoi giocattoli[2]? – No, non ____________ mostro!
5. Mi spiega il Suo problema? – Guardi, preferirei spiegar____________ con calma più tardi.
6. Insegni a tua zia come si usa la posta elettronica? – E va bene, poi ____________ insegno.

[1] prestare = ausleihen
[2] giocattolo = Spielzeug

171 Vediamo chi ce la fa

Konjugieren Sie die angegebenen Verben in der passenden Zeitform. Achten Sie dabei auf die Position der Pronomen und gegebenenfalls auf die Endung des Partizips. Wie würden Sie diese Verben ins Deutsche übersetzen?

1. Voi rimanete, se volete. Io però ____________________ (andarsene).
2. Bravissimo! Complimenti! Hai visto che ____________________ (farcela)?
3. Ragazzi, e allora?! ____________________ (smetterla) di fare tutta questa confusione?!
4. Maurizio, non ____________________ (aspettarsela), eh? – No, devo dire che è stata una bellissima sorpresa...
5. Su, Matteo! Non ____________________ (prendersela[1]) per queste cose!
6. Sei capace di cucinare? – Diciamo che ____________________ (cavarsela[2]).

[1] prendersela = *hier:* sich ärgern
[2] cavarsela = zurechtkommen

8.2 Klein, aber oho!

Die Wörtchen ci und ne

Risotto alla milanese ohne Safran? Undenkbar! *Spaghetti aglio, olio e peperoncino* ohne Knoblauch? Nicht mit uns! Kein Wunder: Oft sind es ja kleine Zutaten, die dem großen Ganzen seinen unverkennbaren Geschmack verleihen. So auch in der Sprache: Da machen nicht selten kleine Wörter das Gewürz unserer Sätze aus. Na dann, ab in die Küche! Wir wollen lernen, die Wörtchen *ci* und *ne* – Salz und Pfeffer der italienischen Sprache – richtig zu dosieren!

172 Ci vai tu?

Beantworten Sie die Fragen und verwenden Sie dabei das Wörtchen *ci* im Sinne von „dort(hin), hier(hin)". Achten Sie auf die Reihenfolge der Wörter.

1. Vai tu al supermercato più tardi? *Sì, ci vado io* ______.
2. Quando vai dal parrucchiere[1]? ______ *martedì*.
3. Walter lavora ancora all'ospedale? *Sì,* ______.
4. Sei mai stato a Bergamo? *No,* ______.
5. Vanno ancora al corso di golf i tuoi? *No,* ______.
6. Venite spesso in questo circolo[2]? *Sì,* ______.

[1] parrucchiere/a *m/f* = Friseur(in)
[2] circolo = Klub

> ! Gar nicht so schwer, oder? Beim Gebrauch von *ci* unterscheidet man nämlich nicht zwischen Bewegung und Zustand. Ähnliches gilt auch für Präpositionen wie *in* oder *a*: *Sono/Vado in Italia, a Perugia.* Wenn das keine gute Nachricht ist …

173 Il mio cagnolino

Übersetzen Sie die Sätze und vervollständigen Sie den Dialog. Verwenden Sie dabei das Wörtchen *ne*.

- ◆ Buongiorno.
- ● Buongiorno a Lei. Mi dica.
- ◆ Vorrei dei biscottini per il mio cagnolino.
- ● _______ __ vuole?

  Wie viele hätten Sie gerne?
- ◆ __ _______ un sacchettino.

  Ich nehme eine kleine Tüte.
- ● Basta così?
- ◆ __, __ _______ ancora.

  Nein, ich will noch mehr.
- ● _________ ___ ___ __ più.

  Leider habe ich keine mehr.
- ◆ E va bene, ___ __ _________ neanche mangiare così tanti.

  Na gut, er sollte auch nicht so viele essen.

174 Spaghetti alla carbonara

Haben Sie zu Hause alle nötigen Zutaten, um *spaghetti alla carbonara* zuzubereiten? Überprüfen Sie es, indem Sie die unten stehenden Fragen nach den Angaben auf dem Zettel beantworten. Verwenden Sie dabei *(non) ce n'è* bzw. *(non) ce ne sono*.

pecorino: 1 etto[1]
pepe: ✓
pancetta[2]*:* ✓
olio d'oliva: 1 bottiglia
uova: 4
spaghetti: no!

1. C'è formaggio pecorino? *Sì, ce n'è un etto.*
2. C'è anche della pancetta[2]? ______
3. E uova? Ce ne sono? ______
4. E pepe ce n'è? ______
5. E dell'olio d'oliva? ______
6. Ma... ci sono spaghetti? ______

[1] etto = 100 Gramm
[2] pancetta = durchwachsener Speck

! Woher kommt die Form *ce ne*? Na, logisch: Aus dem Zusammentreffen der Pronomen *ci* und *ne*! Dass das *ci* dabei zu *ce* wird, ist gar kein Einzelfall. Sehen Sie doch selber in Übung 170 oder gleich in Übung 175 nach!

175 Neanche una fetta!

Wandeln Sie die folgenden Sätze nach dem Muster um und verwenden Sie dabei das Pronomen *ne*.

1. Vi preparo un panino al prosciutto?
   Ve ne preparo uno al prosciutto ?
2. Ti bevi una birra anche tu?
   ______________________________ ?
3. Mi prendo ancora un po' di patatine fritte.
   ______________________________ .
4. Ci porta altri due cucchiaini[1]?
   ______________________________ ?
5. Non mi hai lasciato neanche una fetta di torta!
   ______________________________ !

[1] cucchiaino = Teelöffel

! Verben wie *bersi, mangiarsi, leggersi* usw. drücken – im Vergleich zur üblichen, nicht reflexiven Form – eine stärkere Anteilnahme des Subjekts an der Handlung aus. Mit anderen Worten: Man ist mit viel Herz dabei!

176 Cattivo umore ☹

Vervollständigen Sie die folgenden Aussagen mit *ci* bzw. *ne*.

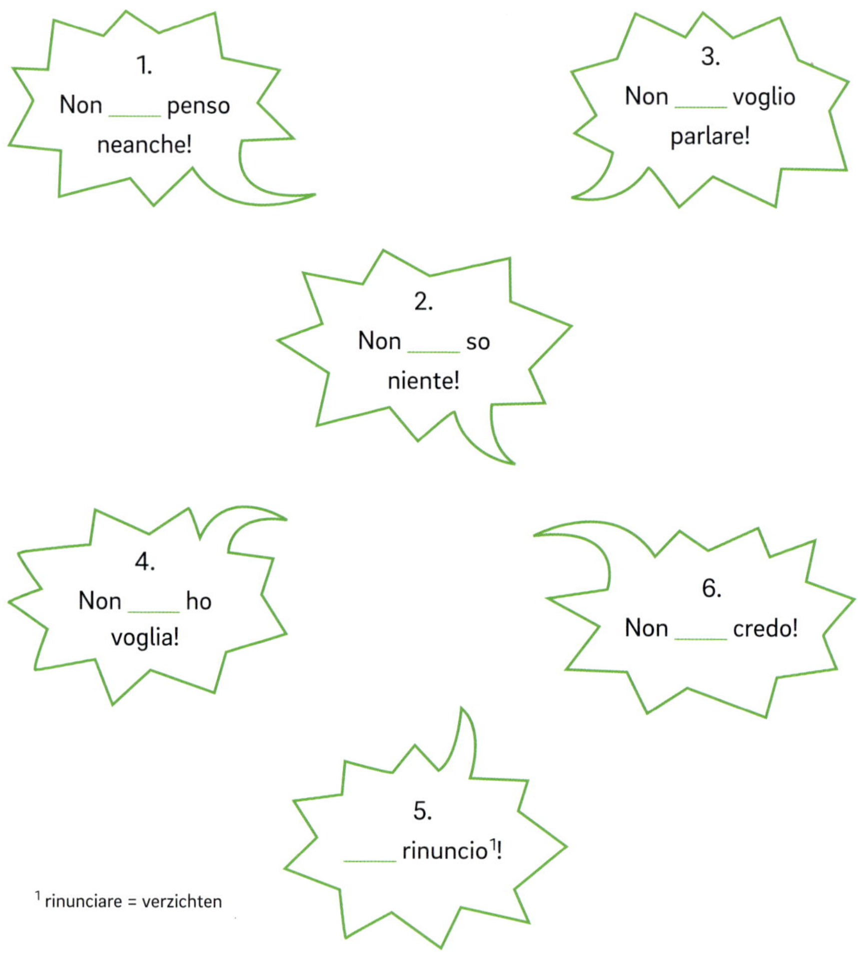

[1] rinunciare = verzichten

8.3 Alles ist relativ?

Relativpronomen

Haben Sie noch nie versucht, Einblicke in die Welt der Relativpronomen mithilfe von Einsteins Relativitätstheorie zu bekommen? Gut so, denn dort werden Sie auch nicht fündig werden. Unsere Relativpronomen sind nämlich felsenfest und das müssen sie ja auch sein – schließlich halten sie ganze Satzgefüge zusammen, indem sie Sätze miteinander verbinden. Ohne sie keine Sprache, ohne Sprache keine Relativitätstheorie ...

177 Il gioco dei tre pronomi

Unterstreichen Sie jeweils das passende Relativpronomen: *che*, *chi* oder *cui*?

1. Vince la partita il giocatore (che / chi / cui) per primo resta senza carte.
2. Grazie di cuore, è una cosa bellissima (che / chi / cui) non dimenticherò mai!
3. Questo è un particolare a (che / chi / cui) sinceramente non avevo mai pensato.
4. (Che / Chi / Cui) ha finito, può anche andarsene.
5. Questo film è dedicato[1] a (che / chi / cui) sta pensando di cambiare vita.

[1] dedicato = gewidmet

! Haben Sie schon einmal das Relativpronomen *il quale / la quale / i quali / le quali* in der Zeitung gefunden? Es wird hauptsächlich anstelle von *cui* mit Präposition gebraucht – dabei verschmelzen manche Präpositionen mit dem bestimmten Artikel, z. B. *da + la quale = dalla quale*. Diese Form wird besonders in der Schriftsprache oder in einer gepflegten Ausdrucksweise verwendet.

178 Dipende tutto dalla preposizione

Ergänzen Sie die Sätze passend.

in cui • da cui • per cui • su cui • di cui

1. "Il piccolo principe" è un libro __________ ho imparato moltissime cose utili per la vita.
2. Sono questioni __________ dobbiamo ancora riflettere con calma.
3. Tuo fratello è una persona __________ si parla molto in città, nel bene e nel male.
4. Qual è il vero motivo __________ Paola non è voluta venire?
5. Devo dire che questa è la situazione più difficile __________ io mi sia mai trovato.

179 Quelli che...

Ordnen Sie zu und ergänzen Sie dabei *quello/a/i/e che*.

1. Sono d'accordo con tutto
2. In frigo abbiamo un po' di tutto:
3. ____________ __________ mi conoscono
4. Parlami di questo libro, delle poesie che ti piacciono e

a. prendi pure[1] ____________ __________ vuoi.
b. di ____________ __________ non ti piacciono.
c. ____________ __________ hai detto.
d. sanno che io non farei mai una cosa del genere[2].

1.	2.	3.	4.

[1] pure = *hier:* doch, ruhig
[2] del genere = derartig

180 Non proprio facile...

Übersetzen Sie. Achten Sie auf die unterschiedliche Wiedergabe des Relativpronomens „was".

1. Was die Leute denken, interessiert mich nicht.

2. Alles, was ich weiß, ist, dass ich nichts weiß.

3. Das Zimmer ist ziemlich klein, was mir gar[1] nicht gefällt.

4. Das ist das Schönste, was du jemandem sagen kannst.

5. Ich lache über[2] das, was sie sagt.

6. Mein erster Freund wollte mich immer küssen, was aber nicht gerade einfach war ...

[1] gar = *hier:* per niente
[2] über = *hier:* di

Aufgepasst! In manchen Fällen braucht man eine völlig andere Formulierung als im Deutschen. Behelfen Sie sich dabei mit dem Wort *cosa*.

181 A scuola di stile

Verbinden Sie die Sätze mit *il cui / la cui / i cui / le cui* nach dem Beispiel. Wie lautet die deutsche Entsprechung dieser Relativpronomen?

1. Civitavecchia si trova nel Lazio. Il suo nome significa "città vecchia".
   Civitavecchia, il cui nome significa "città vecchia", si trova nel Lazio.
2. Le orecchiette sono un tipo di pasta. La forma delle orecchiette ricorda delle piccole orecchie.
   ____
3. La segreteria è aperta tutti i giorni. L'indirizzo della segreteria è Piazza Mazzini 12.
   ____
4. Il Parlamento italiano rappresenta i cittadini italiani. I suoi membri sono eletti[1] ogni cinque anni.
   ____
5. Il paziente ora sta meglio. Le sue condizioni sembravano disperate.
   ____

[1] eleggere (eletto) = wählen

> **!** Ist das Verbindungsglied Objekt des Nebensatzes – und nicht Subjekt, wie z. B. im Satz 1 das Wort *nome* –, wird eine Konstruktion mit *di cui* (in der Schriftsprache auch *del quale* usw.) bevorzugt: *Luca abita in una città, di cui* (*io* = Subjekt) *non ricordo mai il nome* (Objekt). Vergleichen Sie wieder mit Satz 1 oben!

9. Präpositionen

9

9.1 Die Dauerbaustelle

Gebrauch der Präpositionen

Kaum ein Thema scheint für so viel Verwirrung zu sorgen wie der Gebrauch der Präpositionen. Warum geht man *in pizzeria*, aber *al ristorante*? Oder warum *al cinema* und doch *a teatro*? Und wann sind die anderen Präpositionen an der Reihe? Versuchen wir mal, ein wenig Licht ins Dunkel zu bringen. Aber nicht immer dürfen Sie eine nachvollziehbare Erklärung erwarten. Wie bei einer Dauerbaustelle eben ...

182 Dove vai?

Welche Präposition passt? Tragen Sie die folgenden Wörter in den richtigen Kasten ein.

Berlino • Francia • scuola • biblioteca • pizzeria
piazza • letto • ufficio • discoteca • Toscana
lezione • centro

! Bei dieser Unterteilung ist eine Logik nicht unbedingt erkennbar ...
Hatten Sie etwas anderes erwartet?

183 Programmi

Ergänzen Sie die Präposition *a* mit dem passenden Artikel (*al, allo, alla* usw). Vorsicht: In einem Fall wird die Präposition *a* ohne Artikel gebraucht!

1. Che lavoro ti piacerebbe fare da grande? – Non lo so, però sicuramente dopo la scuola vorrei andare _______ università.
2. Allora vi aspetto _______ bar domenica sera! – Veramente pensavamo di andare a mangiare qualcosa _______ ristorante...
3. Ma dove vai vestito in quel modo? – Vado _______ stadio a vedere la partita, sono un grande tifoso[1] della Juventus!
4. Andiamo insieme _______ cinema sabato sera? – No, dai, per una volta preferirei andare _______ teatro.

[1] tifoso/a = Fan (Sport)

184 Da tutte le parti

Mit welchen Substantiven wird die Präposition *in* noch verwendet? Stellen Sie die Silben zu sinnvollen Wörtern zusammen. Wie lauten die deutschen Entsprechungen?

~~ban-~~ • cam- • mon- • giar- • cit- • spiag- • -pa- • -di-
-ta- • -gna • ~~-ca~~ • -tà • -gia • -gna • -no

1. in *banca*
2. in _______________
3. in _______________
4. in _______________
5. in _______________
6. in _______________

! Bei einigen Substantiven sind sogar zwei Varianten möglich, z. B. *in ospedale / all'ospedale, in stazione / alla stazione* usw.

185 Un minestrone di preposizioni

Ergänzen Sie die richtige Präposition (*a, da, di, in, per* oder *su*) – mit oder ohne bestimmten Artikel.

1. Lo sapevi che vicino ______ chiesa hanno aperto un negozio di alimentari[1]?
2. Quando sei stato ______ estero per la prima volta? – ______ bambino, sono andato a trovare la famiglia di mio padre in Turchia.
3. ______ medico ci andiamo ______ piedi o ______ taxi?
4. Ho iniziato ______ 6 anni a collezionare orsetti di peluche[2] e non ho più smesso.
5. Oggi sono a casa più o meno ______ due ______ tre.
6. Il treno regionale ______ Palermo è in partenza ______ binario 2.
7. Dov'è il gatto? – Sta dormendo ______ letto, credo.
8. Oggi mi sono fatta un regalo: ho comprato un bellissimo vaso cinese ______ porcellana per il mio soggiorno!

[1] alimentari *m pl* = Lebensmittel
[2] orsetto di peluche = Teddybär

! Bei Verkehrsmitteln können Sie auswählen: Entweder Sie fahren *con la macchina* (mit bestimmtem Artikel) oder *in macchina* (ohne bestimmten Artikel). Gleiches gilt für den Zug, den Bus, die U-Bahn, das Schiff, das Flugzeug usw.

186 Tempo al tempo[1]

Ordnen Sie folgenden Ausdrücken die passende italienische Entsprechung zu und ergänzen Sie die fehlende Präposition (ohne Artikel).

1.	am Vormittag	a.	______ pranzo
2.	beim Mittagessen	b.	______ gennaio
3.	seit zwei Stunden	c.	______ una settimana
4.	(heute) in einer Woche	d.	______ mattina
5.	im Januar	e.	______ estate
6.	im Sommer	f.	______ due ore

[1] (lasciare) tempo al tempo = abwarten und Tee trinken

1.	2.	3.	4.	5.	6.

> ! Man kann auch sagen: *la mattina, il pomeriggio* oder *la sera*, insbesondere im Sinne von „vormittags, nachmittags, abends".

187 Una preposizione in più

Vervollständigen Sie die folgenden italienischen Ausdrücke mit der jeweils passenden Präposition.

1.	ein Kilo Kartoffeln	un chilo ____ patate
2.	ein Liter Milch	un litro ____ latte
3.	eine Minute Zeit	un minuto ____ tempo
4.	eine Million Einwohner	un milione ____ abitanti
5.	Fußball spielen	giocare ____ calcio
6.	ohne mich	senza ____ me
7.	gegenüber	di fronte ____
8.	zehn Kilometer von hier	____ dieci chilometri da qui
9.	Ja/Nein sagen	dire ____ sì/no

188 Di, a, da, in, con, su, per, tra/fra[1]

Kreuzen Sie die richtige Präposition an.

1. sich an jmd./etw. erinnern	ricordarsi ___ qn./qc.	di a su
2. sich in jmd./etw. verlieben	innamorarsi ___ qn./qc.	in su di
3. über jmd./etw. reden	parlare ___ qn./qc.	in su di
4. sich für etw. interessieren	interessarsi ___ qc.	di in per
5. von jmd./etw. abhängen	dipendere ___ qn./qc.	di da a
6. abreisen nach	partire ___	a in per
7. sich um jmd./etw. kümmern	occuparsi ___	su di per
8. um jmd./etw. gehen	trattarsi ___	a di su

[1] Di, a, da, in, con, su, per, tra/fra = melodisch einprägsame Aneinanderreihung der wichtigsten italienischen Präpositionen, wie sie von italienischen Kindern gelernt werden

189 Di o da?

Unterstreichen Sie jeweils die richtige Präposition.

1. Se qui non c'è più niente (di / da) fare, ce ne possiamo anche tornare a casa.
2. Ma questi qui sono gli occhiali (di / da) sole (di / da) Ernesto! – Eh sì, evidentemente li ha dimenticati...
3. Hai sentito di Ludovico? Sta insieme a una ragazza (di / da) trent'anni. E pensa che lui ne ha quaranta più di lei!
4. Non vado mai al cinema, ma questo film (di / da) fantascienza[1] non lo voglio assolutamente perdere!
5. Ma ti sembrava il caso[2] di venire a un matrimonio con le scarpe (di / da) tennis?!

[1] fantascienza = Science-Fiction
[2] sembrare il caso a qn. = *etwa:* jmd. angebracht scheinen

190 Per i curiosi[1]

Formulieren Sie zu den folgenden Antworten jeweils eine passende Frage in der Du-Form. Achten Sie dabei auf die Kombination zwischen der Präposition und dem Fragewort.

1. *Con chi esci?* ______ Esco con un mio amico.
2. ______ Vado a cena da un collega.
3. ______ Sto pensando ai miei problemi.
4. ______ Il ginger? È fatto con lo zenzero[2].
5. ______ Parlo del film "Il postino".
6. ______ La chiave? L'ho data al vicino.

[1] curioso = neugierig
[2] zenzero = Ingwer

9.2 Das schweißt zusammen

Präpositionen mit oder ohne Artikel

Wann folgt auf eine Präposition der Artikel, wann nicht? Für dieses heikle Thema ist ein Trainingsprogramm in drei Phasen angesagt: Aufwärmen (in welchen Verbindungen kommt *kein* Artikel vor?), Belastung (hier muss man von Fall zu Fall unterscheiden) und schließlich das große Finale (hier können Sie das Gelernte locker anwenden). Sind Sie startklar?

191 Pronti...[1]

Ergänzen Sie die passende Präposition: *in* oder *a*? Anders als im Deutschen steht hier kein Artikel.

1. im/zum Unterricht ______ lezione
2. in der/die Schule ______ scuola
3. im/ins Büro ______ ufficio
4. im/mit dem Zug ______ treno
5. in den/die Berge(n) ______ montagna
6. im/in den Urlaub ______ vacanza
7. im/ins Schwimmbad ______ piscina
8. in der/die Küche ______ cucina
9. im/ins Bett ______ letto
10. im/ins Internet ______ Internet

[1] Pronti... = Auf die Plätze ...

> ! Diese Auflistung ist nicht vollständig, sonst hätte der Platz auch nicht ausgereicht! Ach ja, noch etwas: Wenn das Substantiv näher bestimmt ist, dann steht oft auch der Artikel. So sagt man zwar *in treno*, aber *nel treno che va a Roma*.

192 ...attenti...[1]

Ergänzen Sie jeweils die angegebene Präposition – mit oder ohne bestimmten Artikel.

1. Adesso sono le tre. Quando esci con Lisa? – _______ quattro. a
2. Ho scritto un romanzo _______ mio nonno. Senza l'aiuto di mia nonna non ce l'avrei mai fatta. su
3. Gianni non è a casa, allora oggi vado a fare i compiti _______ Filippo. da
4. È il signor Melatti che ha lasciato qui la sua valigetta? – No, questa è quella _______ signor Guidi. di
5. Amo molto la Spagna. Sono un grande fan soprattutto _______ Catalogna. di

[1] ...attenti... = ... fertig ...

> **!** Man sagt dennoch *andare/essere in Spagna*, aber *venire dalla Spagna*. Das gilt auch für viele andere Länder!

193 ...via![1]

Und nun kommt Ihr großer Auftritt ... Ergänzen Sie die passenden Präpositionen – mit oder ohne bestimmten Artikel.

1. Di chi è questa bicicletta? – È _______ un mio amico.
2. Hai mandato l'invito[2] anche _______ tuo zio?
3. È da tanto tempo che non ci vediamo. – Eh già, sono appena tornata _______ Stati Uniti.
4. Oggi sono stanco morto... – Lo credo, ieri notte sei andato a dormire _______ una!
5. Vuoi che ti porti io all'aeroporto? – No, grazie, andrò _______ taxi.
6. L'auto mi dà dei problemi. Sarà meglio portarla _______ meccanico.

[1] ...via! = ... los! [2] invito = Einladung

9.3 Gut möglich!

Infinitiv mit oder ohne Präposition

„Ist es möglich, zu ...?“ Auf den ersten Blick scheint es eine klare Sache: In Fällen wie diesen übernimmt die Präposition *di* die Rolle des Wörtchens „zu“. Denkbar wären aber auch die Präpositionen *da* oder *a*, nicht wahr? Oder wie wär's mit gar keiner Präposition? Das wäre ebenso möglich und in diesem Fall sogar richtig! Denn der Sprachgebrauch entscheidet und der meint es leider nicht immer gut mit den deutschsprachigen Lernenden ...

194 Buoni propositi[1]

Wählen Sie jeweils die passende Präposition aus.

"Basta! Quest'anno cambio vita! Voglio tornare a guardarmi allo specchio senza dovermi girare[2] dall'altra parte!" Ricordo (a / da / di) aver detto a mia moglie esattamente queste parole la notte di Capodanno. Il primo giorno del nuovo anno ho cominciato (a / da / di) frequentare una palestra vicino a casa. Il secondo giorno sono andato anche (a / da / di) fare jogging. Il terzo giorno sono andato di nuovo in palestra, sperando però (a / da / di) incontrare per la strada un amico che mi invitasse al bar. Il quarto giorno non sono più riuscito (a / da / di) fare le scale di casa e ho dovuto prendere l'ascensore. Il quinto giorno ho capito che a una certa età non è facile imparare (a / da / di) muoversi come si deve. Il sesto giorno sono passato davanti a una pasticceria e ho creduto (a / da / di) morire! Il settimo giorno ho deciso (a / da / di) di buttare via[3] lo specchio...

[1] proposito = Vorsatz
[2] girarsi = sich drehen
[3] buttare via = wegschmeißen

195 I soliti turisti

Übersetzen Sie.

1. Es ist schwierig, um diese Uhrzeit ein Taxi zu finden.

2. Ist es möglich, mit Kreditkarte zu bezahlen?

3. Für uns ist es sehr wichtig, ein ruhiges Zimmer zu haben.

4. Ist es einfach, zu Fuß in die Innenstadt zu kommen?

5. Ist es nötig zu reservieren?

6. Aber natürlich ist es möglich, ein Zimmer mit Meerblick zu haben!

! Wird an *possibile, necessario, importante, difficile* usw. ein dass-Satz angeschlossen, enthält dieser in der Regel einen *congiuntivo*:
È proprio necessario che si usi il congiuntivo?!

10. Verben

10.1 Wer da ist, ist da!

Das Verb esserci

Eigentlich muss man nur zählen können, um *c'è* und *ci sono* richtig anzuwenden, oder? Schön wär's! Hinter diesem scheinbar harmlosen Verb steckt weit mehr Gefahrenpotenzial, als man denken würde: vom Zusammenspiel mit den Objektpronomen über die richtige Konjugation in den verschiedenen Zeitformen bis hin zu einer tückischen Falle, die deutschsprachige Lernende prompt auf den Plan rufen sollte. Und genau damit wollen wir beginnen ...

196 Cosa c'è?

Übersetzen Sie.

1. In der Fußgängerzone[1] sind viele Geschäfte.

   ____

2. Da ist eine Eisdiele!

   ____

3. In der Aula ist kein Platz mehr.

   ____

4. Hier sind noch viele Dinge zu klären[2].

   ____

5. Vor der Apotheke ist ein Parkplatz.

   ____

[1] zona pedonale = Fußgängerzone
[2] chiarire = klären

> **!** Natürlich kann *c'è / ci sono* auch am Satzanfang stehen. Damit können Sie z. B. in Ihrem Italien-Urlaub Fragen stellen: *C'è un panificio qui vicino?* (Ist eine Bäckerei hier in der Nähe?)

197 C'era una volta...

Ergänzen Sie *c'è* bzw. *ci sono* in der passenden Zeitform. Sie brauchen jeweils einmal das *imperfetto*, das *passato prossimo*, den *condizionale*, das *futuro semplice* und den *congiuntivo*.

1. "______________ una volta un lupo[1] grande e cattivo..." – Ma nonna, è sempre la solita favola! Raccontamene un'altra!
2. ...e poi ______________ una grande esplosione e siamo andati tutti via di corsa...
3. ______________ ancora delle cose che potresti fare, se ne hai voglia...
4. Con il cambiamento climatico non ______________ più le mezze stagioni.
5. Ho come l'impressione che ______________ un virus in ufficio...

[1] lupo = Wolf

10.2 Jedermanns Sache?

Die si-Form

Die *si*-Form ist leider nicht jedermanns Sache. Insofern sie dem deutschen „man“ entspricht, ist sie noch ziemlich einfach zu handhaben. Doch leider steckt – wie immer – der Teufel im Detail. Aber keine Sorge, wenn Sie die folgenden Übungen gemacht haben, werden Sie den vollen Durchblick haben.

198 Si può fare!

Konjugieren Sie die angegebenen Verben im Indikativ Präsens.

1. Questo sciroppo si ________________ (dovere) prendere a stomaco pieno[1].
2. Il vostro è un compito molto delicato e non si ________________ (potere) fare errori!
3. È meglio prenotare in anticipo[2] se non si ________________ (volere) avere brutte sorprese.
4. Silenzio! Non disturbate! In quest'aula si ________________ (stare facendo) gli esami!
5. Stasera a cena si ________________ (potere) stare leggeri.

[1] a stomaco pieno = mit vollem Magen
[2] in anticipo = im Voraus

199 Ci si vede!

Ergänzen Sie die reflexiven Verben in der *si*-Form und verwenden Sie dabei das Indikativ Präsens.

meravigliarsi[1] • abituarsi[2] • mettersi • dimenticarsi • annoiarsi

1. In quel paesino di montagna non ci potrei proprio abitare: ________________ da morire...
2. Che cosa ________________ di solito per andare all'opera?
3. È un dettaglio importante di cui ________________ facilmente.
4. E poi ________________ se la gente protesta?!
5. Sono indubbiamente ritmi di vita faticosi, ma un po' alla volta ________________.

[1] meravigliarsi = sich wundern
[2] abituarsi = sich gewöhnen

200 Si è fatto di tutto

Setzen Sie die Verben ins *passato prossimo* und verwenden Sie dabei die *si*-Form. Achten Sie auf die Endung des *participio passato*.

1. Che fine ha fatto Marcello? Non ________________ (sapere) più niente di lui!
2. Alla riunione[1] di ieri finalmente ________________ (prendere) delle decisioni coraggiose.
3. Con la crisi economica ________________ (tornare) a parlare di povertà[2].
4. Per fortuna ________________ (fare) chiarezza su questa questione.
5. Anche questa volta ________________ (limitarsi[3]) alle parole senza passare ai fatti.

[1] riunione *f* = Sitzung
[2] povertà = Armut
[3] limitarsi = sich beschränken

201 Quando si è...

Formulieren Sie Sätze nach dem Muster.

1. (giovane / non pensare al futuro)
   Quando si è giovani non si pensa al futuro.
2. (ubriaco[1] / dire la verità)
3. (innamorato / essere felice)
4. (solo / annoiarsi)
5. (triste / ascoltare canzoni tristi)
6. (ricco / avere soldi da buttare[2])

[1] ubriaco = betrunken
[2] buttare = wegwerfen, *hier:* verschwenden

! In solchen Fällen stehen auch Substantive im Plural: *Quando si è amici...* (Wenn man befreundet [wörtlich: „Freunde"] ist, ...) Vervollständigen Sie den Satz doch selber!

10.3 Reine Formsache

Reflexive Verben

Ob beim Blind Date oder beim Geschäftsmeeting, was zählt, ist der erste Eindruck – auch in Italien. Das fängt schon bei der Vorstellung an: Auf die Frage nach Ihrem Namen sollten Sie unbedingt *Mi chiamo...* antworten und nicht nur *Chiamo...* Anders als „heißen" ist das Verb *chiamarsi* nämlich reflexiv. Am besten Sie sehen gleich in diesem Kapitel nach, welche weiteren Tücken die reflexiven Verben für Sie bereithalten. Das kann Ihren Auftritt retten ...

202 Mi congratulo!

Ergänzen Sie die reflexiven Verben im Indikativ Präsens.

alzarsi • divertirsi • ammalarsi • svegliarsi
rompersi • addormentarsi

1. Povera Francesca... Ogni volta che vuole fare una vacanza, ________________ appena[1] prima di partire.
2. Di solito la mattina (io) ________________ quando mia moglie ________________, ma subito dopo (io) ________________ di nuovo.
3. In estate noi ________________ un mondo[2] a giocare a pallavolo in spiaggia.
4. Ma perché gli elettrodomestici[3] ________________ sempre a fine garanzia?

[1] appena = *hier:* kurz [2] un mondo = *hier:* eine Menge [3] elettrodomestico = Elektrogerät

! Vorsicht, Falle! Verben wie *abbonarsi* oder *congratularsi* klingen zwar ähnlich wie ihre deutschen Entsprechungen, sind aber reflexiv: *Ci congratuliamo con Lei!* (Wir gratulieren Ihnen!), *Vuole abbonarsi alla nostra newsletter?* (Möchten Sie unseren Newsletter abonnieren?)

203 "Chiamo" o "mi chiamo"?

Reflexiv oder nicht reflexiv? Ergänzen Sie – wo nötig – das passende Reflexivpronomen. In welchem Fall sind beide Varianten möglich?

1. L'autobus è passato due minuti fa, ma non _____ è fermato. – Allora _____ fermiamo noi un taxi, no?
2. Non possiamo andare al ricevimento[1] vestiti così, _____ dobbiamo cambiare!
3. Per andare in stazione _____ dovete cambiare alla prossima fermata.
4. Che stupido che sono... _____ dimentico sempre la password...
5. Hai visto che muscoli? – Eh, già. Ma quante ore _____ alleni al giorno?

[1] ricevimento = Empfang

204 Pensateci bene!

Übersetzen Sie die folgenden Sätze und benutzen Sie dabei die angegebenen Wörter. Vermeiden Sie aber reflexive Verben!

pazienza • pensarci • tardi • cambiare • ringraziare

1. Leider hat er sich etwas verspätet.
____
2. Wir wollten uns bei dir für das Geschenk bedanken.
____
3. Du musst dich noch ein wenig gedulden.
____
4. Ich habe es mir gut überlegt.
____
5. In letzter Zeit[1] hat sich mein Mann sehr verändert.
____

[1] negli ultimi tempi = in letzter Zeit

205 La nostra Bettina

Setzen Sie die angegebenen Verben ins *passato prossimo*.

Ciao a tutti!

Spero che qualcuno di voi possa dare un consiglio a me e a mia moglie...

La nostra Bettina, che ha 5 anni, (1.) ________________ (innamorarsi) e ora si comporta in modo un po' strano. Perché? Beh, ieri mattina per esempio (2.) ________________ (dimenticarsi) di darci il buongiorno in camera da letto, cosa che di solito fa sempre! Oppure oggi (3.) ________________ (mettersi) nel suo lettino ed è rimasta lì tutta la giornata! L'altro giorno è addirittura[1] uscita di casa da sola per andare a trovare il suo lui. Per fortuna non (4.) ________________ (perdersi[2]) e non (5.) ________________ (farsi male)! Naturalmente noi (6.) ________________ (preoccuparsi) tantissimo. Ma come (7.) ________________ (arrabbiarsi) lei quando siamo andati a riprenderla[3]! I due (8.) ________________ (conoscersi) qualche giorno fa nei giardini pubblici vicino a casa nostra. Da allora (9.) ________________ (rivedersi) praticamente ogni giorno. Voi (10.) ____________ mai ____________ (trovarsi) in una situazione così?

Ah, dimenticavo: Bettina è una cocker di razza pura[4] e lui è un giovane labrador di 3 anni.

[1] addirittura = sogar
[2] perdersi = sich verlaufen
[3] riprendere = abholen
[4] di razza pura = reinrassig

206 Mi, ti, si...

Vervollständigen Sie die Sätze mit den angegebenen Verben im Infinitiv. Achten Sie auf das richtige Reflexivpronomen.

1. Abbiamo deciso di ________________ (trasferirsi[1]) in provincia per fare una vita più tranquilla.
2. Eleonora sta studiando dalla mattina alla sera. Vuole assolutamente ________________ (diplomarsi[2]) con il massimo dei voti.
3. Cerca di ________________ (sbrigarsi)! Ti sto già aspettando da più di un'ora!
4. Continuate a ________________ (frequentarsi[3]) tu e Federico?
   – No, abbiamo smesso di ________________ (vedersi).
5. Sto cercando di ________________ (abituarsi[4]) ad andare in aereo...

[1] trasferirsi = umziehen
[2] diplomarsi = sein (Schul-)Zeugnis erwerben
[3] frequentarsi = miteinander verkehren
[4] abituarsi = sich gewöhnen

> **!** Wo steht denn das Reflexivpronomen bei einer Imperativform? Das ist eine gute Frage, nicht wahr? Eine gute Antwort finden Sie in Übung 235!

10.4 Auf Beugen und Brechen

Verbkonjugationen

Ohne Fleiß kein Preis! Wollen Sie unbedingt Herr der italienischen Verbformen werden? Dann erwartet Sie hier ein Parcours mit steigendem Schwierigkeitsgrad über die kniffligsten Probleme der italienischen Verbkonjugationen. Die Belohnung kommt am Ende – dann werden Sie von sich selbst mit Stolz behaupten können: gebeugt, aber nicht gebrochen!

207 Cap-isc-o...

Kreuzen Sie die Verben auf *-ire* an, die mit dem Element *-isc-* konjugiert werden, und notieren Sie jeweils die angegebene Person im Indikativ Präsens.

1. finire ○ io ______
2. offrire ○ tu ______
3. pulire ○ lui ______
4. restituire[1] ○ lei ______
5. scoprire ○ Lei ______
6. seguire ○ noi ______
7. spedire ○ voi ______
8. servire ○ loro ______

[1] restituire = zurückgeben

! Nicht nur im Indikativ Präsens treibt das Anhängsel *-isc-* sein Unwesen. Man begegnet ihm auch im *congiuntivo presente* sowie im Imperativ wieder! Ach ja, natürlich muss man sich von Fall zu Fall merken, welche Verben es brauchen. Ohne Fleiß eben kein Preis ...

208 Verbi irregolari

Vervollständigen Sie das Kreuzworträtsel mit den richtigen Formen der angegebenen Verben im Indikativ Präsens.

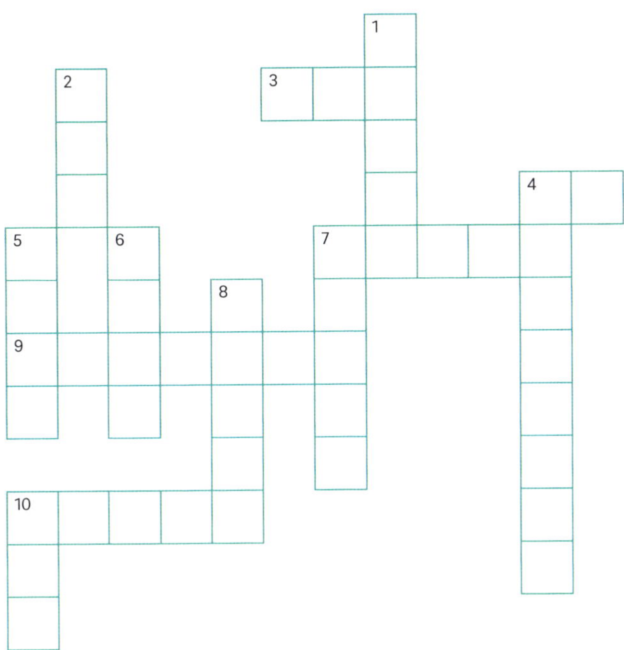

Waagerecht:

3 sapere (tu)
4 dare (io)
7 venire (io)
9 dire (noi)
10 avere (loro)

Senkrecht:

1 essere (voi)
2 potere (Lei)
4 dovere (noi)
5 andare (io)
6 uscire (tu)
7 volere (lui, lei)
8 fare (loro)
10 avere (tu)

209 Non ... un'acca

Schreiben Sie die jeweils passende Form der unten angegebenen Verben in die Kästchen. Im schattierten Feld ergibt sich das fehlende Wort für die obige Redensart.

1. giocare / condizionale presente: io ...
2. pagare / futuro semplice: tu ...
3. spiegare / futuro semplice: lui/lei ...
4. coniugare / futuro semplice: noi ...
5. scaricare[1] / condizionale presente: voi ...
6. negare[2] / condizionale presente: loro ...

[1] scaricare = herunterladen
[2] negare = leugnen, verneinen

! *Non ... un'acca* bedeutet „nur Bahnhof verstehen", da das *h* im Italienischen nicht gesprochen wird. Wie wichtig dieser Buchstabe trotzdem sein kann, hat Ihnen die Übung hoffentlich gezeigt ... Übrigens: Zum Erhalt der Aussprache [k] bzw. [g] bei den Verben auf *-care* und *-gare* wird auch vor einem *i* ein *h* gesetzt. Davon betroffen sind der Indikativ Präsens, der Imperativ und der *congiuntivo presente*. Machen Sie einfach den Test mit dem Verb *coniugare*!

210 Metamorfosi

Folgen Sie den Beispielen und wandeln Sie die Verbform ausschließlich nach der Vorgabe um. Überprüfen Sie Ihre Lösungen am besten jeweils nach sechs Feldern.

PARTENZA *farei*	1 *dovrei* Verb *dovere*	2 *dovrò* Futuro	3 *dovrà* 3. Pers. Sing.	4 ____ Verb *andare*
15 ____ Verb *vivere*	16 ____ Futuro	17 ____ 3. Pers. Plur.	18 ____ Verb *vedere*	5 ____ Condizionale
14 ____ 2. Pers. Plur.	23 ____ Futuro	**ARRIVO** ____ Verb *fare*	19 ____ Condizionale	6 ____ Verb *volere*
13 ____ Verb *avere*	22 ____ Verb *potere*	21 ____ 2. Pers. Sing.	20 ____ Verb *sapere*	7 ____ Verb *essere*
12 ____ Condizionale	11 ____ 1. Pers. Plur.	10 ____ Verb *venire*	9 ____ 1. Pers. Sing.	8 ____ Futuro

! Erster Joker: Bei unregelmäßigen Verben bildet man sowohl den *condizionale presente* als auch das *futuro semplice* ausgehend vom selben Verbstamm. Zweiter Joker: Verben wie *dare*, *fare* oder *stare* behalten ihren Verbstamm bei!

211 C'è una piccola differenza

Ordnen Sie die Verbformen richtig zu. Bei jedem Verb bleibt eine Verbform übrig: Tragen Sie sie jeweils in die dritte Zeile ein und ergänzen Sie die richtige Zeitform.

arriverò • metterete • andrai • andò • sentiste • sapremmo
metteste • sapemmo • sentite • arrivò • arriverà • andai
mettereste • sapremo • sentiate

andare	arrivare	mettere	sapere	sentire
1 Futuro semplice, tu ______	4 Futuro semplice, io ______	7 Futuro semplice, voi ______	10 Futuro semplice, noi ______	13 Congiuntivo presente, voi ______
2 Passato remoto, io ______	5 Passato remoto, lui ______	8 Condizionale presente, voi ______	11 Condizionale presente, noi ______	14 Congiuntivo imperfetto, voi ______
3 ______ ______ ______	6 ______ ______ ______	9 ______ ______ ______	12 ______ ______ ______	15 ______ ______ ______

! Jeder Zeitform ihr Buchstabe! V ist der Buchstabe des *indicativo imperfetto* (*mettevo, mettevi...*), S des *congiuntivo imperfetto* (*mettessi, mettessi...*) und R des *condizionale presente* wie auch des *futuro semplice* (*metterei, metteresti / metterò, metterai...*).

10.5 Die Mischung macht's

Zusammengesetzte Verbformen

Und nun zur Bastelstunde! Erstens: Formen Sie Ihre Verben so geschickt, dass das richtige Partizip daraus entsteht. Zweitens: Beschaffen Sie sich das passende Hilfsverb, damit die Verbindung mit dem Partizip gut hält. Drittens: Geben Sie Ihrem Werk den letzten Schliff, indem Sie weitere Wörter an der richtigen Stelle einbauen. Alles klar? Dann Ärmel hoch und ab ins Verb-Atelier!

212 Il puzzle dei participi

Stellen Sie aus den Wortbausteinen *participi passati* zusammen und ordnen Sie sie den jeweiligen Infinitiven zu. Welches Verb hat ein regelmäßiges Partizip?

tol- • ve- • avu- • vin- • suc- • pia- • vis-
mos- • scrit- • scel-

-su- • -ces- • -ciu- • -nu- • -so • -so • -to • -to
-to • -to • -to • -to • -to • -to

1. scrivere	______	2. venire	______
3. muovere	______	4. avere	______
5. scegliere	______	6. succedere	______
7. togliere	______	8. vivere	______
9. piacere	______	10. vincere	______

! Schon gemerkt? Die meisten unregelmäßigen Partizipien findet man unter den Verben auf *-ere*!

213 Occhio alla forma

Ordnen Sie die Verben mit einem ähnlich lautenden *participio passato* dem entsprechenden Kasten zu.

vincere | ~~piangere~~ | spegnere | spendere | riassumere[1]

chiedere | ~~decidere~~ | scendere | prendere | aggiungere

chiudere | rispondere | nascondere[2] | ~~rimanere~~

vedere | scoprire | ~~rompere~~ | dire | fare

~~aprire~~ | leggere | offrire | soffrire[3]

pianto	deciso	rimasto

rotto	aperto

[1] riassumere = zusammenfassen
[2] nascondere = verheimlichen, verstecken
[3] soffrire di qc. = an/unter etw. leiden

214 A, E, I, O...

Unterstreichen Sie jeweils die richtige Form des Partizips.

1. Qual è la capitale europea che vi è (piaciuto / piaciuta) di più?
2. Domenica scorsa non abbiamo (fatto / fatta) niente di particolare, siamo (rimasto / rimaste) tutto il giorno a casa.
3. Hans e Beate sono appassionati di archeologia: pensa che si sono (incontrato / incontrati) per la prima volta a Pompei.
4. Alla festa di addio al celibato[1] di Lorenzo ho (conosciuto / conosciute) delle persone molto simpatiche.
5. Mamma mia, tutte queste foto avete (fatto / fatte) ieri?!
6. Le parole che mi hai (scritto / scritte) erano molto belle...
7. Non c'è dubbio, è (stato / stata) una partita molto combattuta[2].

[1] addio al celibato = Junggesellenabschied
[2] molto combattuto = hart erkämpft

! Beim Hilfsverb *essere* nimmt das Partizip die Endung -*e* an, wenn es sich um eine reine Frauengruppe handelt. Ein einziger Mann reicht aus, ... um die Endung zu kippen!

215 Avete fatto tutto?

Beantworten Sie die Fragen nach dem Muster.

1. Avete fatto i vostri compiti? Sì, *li abbiamo fatti.*
2. Professore, ha ricevuto la mia mail? No, ______
3. Hai comprato i cioccolatini[1]? Ma certo, ______
4. Lucia ha preso le chiavi di casa? Sì, ______
5. Hanno già aperto il nuovo museo? No, ______
6. Avete riordinato la vostra camera? Sì, ______

[1] cioccolatino = Praline

216 Essere o non essere...

Vervollständigen Sie das Verb im *passato prossimo*, indem Sie das passende Hilfsverb (*essere* oder *avere*) ergänzen.

1. Ahi! Mi fanno male i piedi! Oggi ______ camminato per più di cinque ore! – Ah sì? E dove ______ andata?
2. Noi due non ______ mai volato in parapendio[1], ma ci piacerebbe provare un giorno.
3. Fantastico! ______ nuotato i 100 metri in meno di un minuto! Sei stato bravissimo!
4. ______ visto il tablet che ______ comprato? – Bello! Quanto ti ______ costato?
5. Il concerto non ______ durato molto, ma mi ______ piaciuto lo stesso[2].

[1] parapendio = Gleitschirm
[2] lo stesso = trotzdem

> ! Welches Hilfsverb verlangen die reflexiven Verben wie z. B. *alzarsi*? Überprüfen Sie Ihre Antwort mithilfe von Übung 205!

217 Chi ben comincia...

Wählen Sie jeweils das passende Verb aus.

1. Allora! (Avete finito / Siete finiti) di chiacchierare[1]!?
2. (Ho iniziato / Sono iniziato) il mio discorso con una citazione di Socrate e questo al pubblico è piaciuto molto.
3. Improvvisamente la gente è stata presa dal panico e (ha cominciato / è cominciata) a scappare[2] senza nessun motivo.
4. Quello di quest'anno è stato il gennaio più caldo di sempre da quando (hanno cominciato / sono cominciate) le rilevazioni[3] statistiche.
5. Mi cercherò un lavoretto quando (avrà finito / sarà finita) la scuola.

[1] chiacchierare = schwatzen
[2] scappare = weglaufen
[3] rilevazione *f* = Erhebung

218 Come hai potuto?!

Formulieren Sie die Sätze wie im Beispiel mit dem jeweils angegebenen Modalverb um. Achten Sie auf das passende Hilfsverb.

1. Scusami se non ti ho dato una mano in cucina, ma... (potere)
   Scusami se non ti ho potuto dare una mano in cucina, ma...
2. Non avete seguito i miei consigli e questo è il risultato! (volere)
   ______
3. Prima di montare[1] l'armadio abbiamo letto le istruzioni. (dovere)
   ______
4. I bambini non sono tornati a casa da soli. (volere)
   ______
5. Ma come è successo? (potere)
   ______
6. Mia moglie non c'è, è partita per un viaggio d'affari. (dovere)
   ______

[1] montare = einbauen

219 Ognuno al proprio posto

Bringen Sie die Wörter in die richtige Reihenfolge. Achten Sie auf die Stellung der Adverbien *ancora, mai, già* usw.

1. teoria / Questa / è / stata / mai / non / dimostrata[1]

   ______________________________.
2. a / Domani / saremo / a / ora / già / quest' / arrivati / Bari

   ______________________________.
3. Un / finito / non / attimo, / ho / ancora

   ______________________________!
4. Non / è / che / sempre / voluto / avete / quello / sapere

   ______________________________?
5. mai / visto / Colosseo / da / il / vicino / Hai

   ______________________________?
6. ha / zio / Mio / 50 / compiuto / appena / anni

   ______________________________.

[1] dimostrare = beweisen

220 Generazione digitale?

Beantworten Sie die Fragen. Verwenden Sie dabei die passenden Verneinungswörter und achten Sie auf deren richtige Stellung.

1. Nonno, hai mai scaricato qualcosa da Internet?	No, *non ho mai scaricato niente da Internet*.
2. E hai mai conosciuto qualcuno in Internet?	No, ______________________________.
3. Hai mai chattato con qualcuno in Internet?	No, ______________________________.
4. Ma hai già twittato qualcosa almeno?	No, ______________________________.
5. Ma dove vivi, nonno?! Scrivi ancora telegrammi?!	No, ______________________________, adesso ci sono gli SMS!

10.6 Geht es auch direkter?

Verben mit direktem (Akkusativ) oder indirektem Objekt (Dativ)

Hat Ihr Italiener um die Ecke schon einmal mit einem freundlichen „Ich danke Sie“ Ihr großzügiges Trinkgeld angenommen? Wenn ja, dann liegt es wohl daran, dass *ringraziare* – anders als „danken“ – ein direktes Objektpronomen verlangt. *La ringrazio!* – das hatte wohl Ihr *cuoco* im Kopf ...

221 ~~G~~li

Unterstreichen Sie das richtige Pronomen.

1. I tuoi genitori sono stati gentilissimi con me: (gli / li) voglio ringraziare personalmente.
2. Professore, mi scusi ma non (Le / La) seguo. Potrebbe ripetere?
3. Vieni a fare un pic-nic con noi domenica? – Grazie, ma non posso. Pino cambia casa e io (gli / lo) aiuto con il trasloco[1].
4. Ma... mi segue? – Certo, sono tutt'orecchi[2], (Le / La) ascolto.

[1] trasloco = Umzug
[2] essere tutt'orecchi = ganz Ohr sein

! Wie unterscheiden sich die direkten von den indirekten Objektpronomen in der 1. und 2. Person Singular und Plural? Gar nicht! Sie lauten *mi, ti, ci, vi* – egal, ob sie direkt oder indirekt sind.

222 Le chiedo scusa!

Ergänzen Sie das passende Objektpronomen. Vorsicht, hier ist es genau andersherum: Das Italienische geht hier den indirekten Weg, das Deutsche den direkten.

1. Dottore, _____ volevo soltanto chiedere un'opinione...
2. Hai già domandato ai bambini se vogliono venire con noi al mercatino dell'antiquariato? – Sì, ma hanno detto che non _____ interessa molto.
3. L'ho vista per la prima volta a una festa e _____ ho subito chiesto se voleva ballare con me.
4. Il vicino sta di nuovo ascoltando musica a tutto volume... – Adesso basta, _____ telefono io e questa volta mi sente[1]!

[1] mi sente = kriegt etwas von mir zu hören

223 La ringrazio!

Übersetzen Sie.

1. Herr Battisti, ich danke Ihnen sehr!

   ____

2. Was hat der Lehrer gesagt? Hast du ihm zugehört?

   ____

3. Darf ich Sie etwas fragen?

   ____

4. Wenn meine Freundinnen mich brauchen, helfe ich ihnen immer gerne.

   ____

5. Ich rufe Sie morgen an.

   ____

6. Sie nehmen die erste Straße rechts und folgen ihr bis zur Kreuzung ...

   ____

7. Das interessiert ihn nicht.

   ____

10.7 Niemand ist perfekt

Passato prossimo oder imperfetto?

Nessuno è perfetto... Im Italienischen gibt es sogar eine Vergangenheitsform, die eben das ausdrückt: das Unvollkommene, das Nicht-Abgeschlossene, das *imperfetto* eben. Vergessen Sie am besten gleich den Unterschied zwischen „ich habe gemacht" und „ich machte" – der hilft Ihnen dabei leider nicht weiter – und werden Sie aus Ihren Fehlern klug!

224 Chi l'ha fatta più grossa?

Wer hat es toller getrieben? Setzen Sie die angegebenen Verben ins *passato prossimo* oder ins *imperfetto*.

Voi da bambini l'avete mai fatta grossa?

● Come no! Mi ricordo che, quando (1.) _______________ (essere) chierichetto[1], una volta prima della messa (2.) _______________ (mangiare) tutte le ostie che (3.) _______________ (essere) sull'altare!

■ Io invece a 4 anni (4.) _______________ (uscire) di casa da sola perché (5.) _______________ (volere) assolutamente comprarmi un gioco. (6.) _______________ (entrare) in un negozio, (7.) _______________ (indicare) al negoziante il gioco, ma lui (8.) _______________ (mettersi) a ridere. Perché? Beh, (9.) _______________ (avere) solo cinque lire per pagare!

◆ Sapete che cosa ho fatto io? Da piccolo mi (10.) _______________ (piacere) molto disegnare, allora una volta (11.) _______________ (prendere) il rossetto[2] di mia madre e (12.) _______________ (disegnare) un bel sole rosso... sulla parete[3] del soggiorno di casa! 🙂

[1] chierichetto = Messdiener [2] rossetto = Lippenstift [3] parete *f* = Wand

225 Cos'è successo?

Ergänzen Sie jeweils das passende Verb und setzen Sie es ins *passato prossimo* oder *imperfetto*.

venire • fare jogging • stare aspettando • attraversare[1] • cadere

1. Ieri ero in giro in macchina per le colline del Chianti, quando all'improvviso[2] un cavallo mi ____________ la strada!
2. Domenica scorsa mi ____________ un'idea fantastica mentre stavo facendo il bagno.
3. Stavamo parlando del più e del meno[3], mentre ____________. A un certo punto...
4. Pensa che mi stavo semplicemente riposando sotto un albero, quando mi ____________ una mela proprio in testa.
5. Ti ho visto passare in macchina proprio mentre (io) ____________ l'autobus.

[1] attraversare = überqueren
[2] all'improvviso = plötzlich
[3] parlare del più e del meno = über Gott und die Welt reden

226 Non volevo, ma...

Wählen Sie jeweils die passende Zeitform. Achten Sie darauf, ob die Handlung tatsächlich stattgefunden hat oder nicht.

1. Io (volevo / ho voluto) regalare ai miei un servizio da cucina, ma poi mio marito (voleva / ha voluto) assolutamente comprare un quadro.
2. Ma non (dovevate / siete dovuti) passare anche dal notaio? – Sì, ma non (potevamo / abbiamo potuto) per la fretta.
3. Ma (potevi / hai potuto) almeno dirmi grazie! Perché non l'hai fatto?
4. ...alla fine (doveva / ha dovuto) ammettere[1] che era stato lui!

[1] ammettere = zugeben

227 Una vacanza in Italia

Übersetzen Sie die Sätze und vervollständigen Sie den Dialog.
Achtung: Umdenken ist hier gefragt!

◆ Ciao, Petra! Che piacere rivederti! Come sono andate le vacanze?

● ______________________________.

Gut, danke. Ich war in Italien.

◆ ______________________________ di preciso?

Wo warst du genau?

● Prima ______________________________...

Zunächst war ich am Meer, in Sizilien ...

E poi ______________________________.

Und dann bin ich nach Rom gefahren.

______________________________...

Das war eine lange Reise, ...

______________________________!

... aber sie hat mir sehr gut gefallen!

228 Lo sapevi che...?

Ergänzen Sie die Sätze mit den Verben *sapere* oder *conoscere* im *passato prossimo* oder *imperfetto*.

1. Tu ____________________ il nuovo ragazzo di Romina? – No, ma lei ha detto che me lo presenta domani.
2. (Io) ____________________ che hai trovato lavoro. Che bella notizia! Congratulazioni!
3. Papà, lo ____________________ che Amburgo è la città europea con il maggior numero di ponti?
4. Mio marito e io abbiamo frequentato la stessa scuola, ma a quei tempi non lo ____________________ ancora.

10.8 Das Phantom der Verben

Das gerundio

Ginge es nach den Italienfans, könnte das Italienische ganz ohne *gerundio* auskommen. Zwei Sätze kann man schließlich auch mit Verbindungswörtern gut kombinieren, nicht wahr? Mag sein, aber: Mit dem *gerundio* klingt Ihr Italienisch einfach authentischer, Sie erweitern Ihr Ausdrucksvermögen und – zu guter Letzt – Sie lernen so manche Facetten der Sprache besser zu schätzen. Genug mit der Geheimnistuerei, machen wir uns doch auf die Suche nach dem Phantom ...

229 Cosa state combinando[1]?

Ordnen Sie zu.

1. Sapendo che arrivavi,
2. Mi avete aspettato
3. Avendone la possibilità,
4. Pur[2] avendone bisogno,
5. Tornando dall'ufficio,

a. giocando a carte?
b. ti fermi a prendere i bambini all'asilo?
c. ho pensato di prepararti una bella torta.
d. non vuole assolutamente accettare il nostro aiuto.
e. ci piacerebbe fare un giro del mondo in barca a vela[3].

1.	2.	3.	4.	5.

[1] combinare = kombinieren, *hier:* anrichten [2] pur = *etwa:* obwohl [3] barca a vela = Segelboot

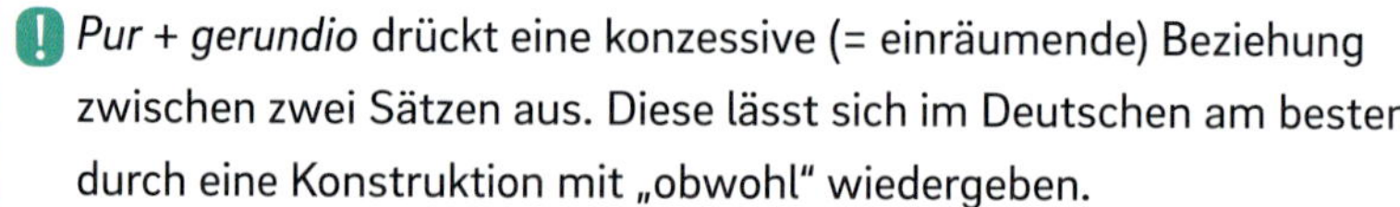

! *Pur + gerundio* drückt eine konzessive (= einräumende) Beziehung zwischen zwei Sätzen aus. Diese lässt sich im Deutschen am besten durch eine Konstruktion mit „obwohl" wiedergeben.

230 Sbagliando s'impara

Formulieren Sie die folgenden Sätze um, indem Sie ein *gerundio* verwenden.

1. Quali sono le cose più strane che hai notato quando vivevi all'estero?

___

2. Siccome ha paura di sbagliare, controlla due volte tutte le cose che fa.

___

3. Non si può continuare a vivere così e fare finta di niente[1]...

___

4. Anche se non lo conosci di persona, ti fidi di[2] lui?

___

5. Se volessimo, potremmo andare a mangiare del pesce fresco al mare.

___

[1] fare finta di niente = *hier:* so tun, als ob nichts wäre
[2] fidarsi di qn. = jmd. vertrauen

231 L'appetito vien mangiando[1]

Übersetzen Sie. Verwenden Sie dabei das *gerundio*!

1. Da ich wenig Zeit habe, fahre ich lieber mit dem Auto in die Innenstadt.

preferisco

2. Wir haben dich gesehen, als wir einkaufen gingen.

___

3. Morgen werde ich lernen, auch wenn ich nicht so viel Lust habe.

___

4. Auch durch Spielen lernt man.

___

5. Wenn du mit uns kommst, wirst du Spaß haben.

___

[1] L'appetito vien mangiando = Der Appetit kommt beim Essen (auch im übertragenen Sinne)

232 Amici di chat

Setzen Sie die angegebenen Verben ins Präsens oder in die Verlaufsform (*stare + gerundio*).

Nick77: Ehi, anche tu qui? Cosa ________________ (fare) di bello? Non ________________ (studiare), vero?

Marilù: No, ________________ (navigare) un po' in Internet. A quest'ora di solito non ________________ (studiare).

Nick77: Allora perché non ________________ (noi, fare) qualcosa insieme oggi pomeriggio? Così possiamo conoscerci di persona! 🙂

Marilù: Volentierissimo!! 🙂

Nick77: Tu ________________ (abitare) a Milano, no? ________________ (noi, andare) a prendere un gelato insieme? 🙂

Marilù: Sì, ma... Forse non è una buona idea. Sai, magari poi non ti ________________ (riconoscere[1]) oppure tu non ________________ (venire)... E poi adesso ________________ (avere) molto da fare. Magari un'altra volta, ok?

[1] riconoscere = wiedererkennen

10.9 Befiehl mir was!

Der imperativo

Das erste Mal kommt früh, viel früher, als einem lieb ist. Den Anfang machen Wendungen wie *Scusi!* oder *Scusa!*, *Senti!* oder *Senta!* ... und schon ist man dem italienischen Imperativ begegnet. Doch erst mit der Zeit kann man dieses Kommandospiel in vollen Zügen genießen und dann ... lässt man nicht mehr locker. Sind *Sie* reif dafür?

233 Contraddizioni

Ergänzen Sie die fehlenden Imperativformen in der 2. Person Singular (*tu*).

1. ____________ via!	↔	Non andare via!
2. Dai la precedenza[1]!	↔	____________
3. ____________ di sì!	↔	Non dire di sì!
4. ____________ qualcosa!	↔	Non fare niente!
5. Sta' lì fuori!	↔	____________
6. ____________ qui!	↔	Non venire qui!

[1] precedenza = Vorfahrt

> **!** Auch *avere* und *essere* haben einen unregelmäßigen Imperativ in der 2. Person Singular. Wie lautet er? *Abbi fiducia e sii ottimista!* (Hab Vertrauen und sei optimistisch!)

234 Dal medico

Wandeln Sie die folgenden Sätze in die Höflichkeitsform des Imperativs um. Tragen Sie dann die fehlenden Imperativformen in die Übersicht ein.

1. Potrebbe bere un cucchiaio di questo sciroppo?

   ______________________________!
2. Potrebbe stare fermo e dire "33"?

   ______________________________!
3. Potrebbe andare in piscina e fare un po' di nuoto?

   ______________________________!
4. Potrebbe essere così gentile e uscire un momento, per favore?

   ______________________________!
5. Potrebbe venire di nuovo quando avrà fatto le analisi?

   ______________________________!

1. andare	______	2. avere	*abbia*
3. bere	______	4. dare	*dia*
5. dire	______	6. essere	______
7. fare	______	8. stare	______
9. uscire	______	10. venire	______

235 Non si preoccupi!

Formulieren Sie die folgenden Imperativsätze nach dem jeweils angegebenen Subjekt um. Achten Sie besonders auf die Stellung der Pronomen!

1. Adesso calmati!	(Lei)	*Adesso si calmi!*
2. Avanti, muovetevi!	(noi)	______
3. Prego, si accomodi[1]!	(tu)	______
4. Su, spostati[2]!	(Lei)	______
5. Insomma, deciditi!	(Lei)	______
6. Per favore, si sbrighi!	(tu)	______
7. Non si preoccupi!	(tu)	______

[1] accomodarsi = Platz nehmen [2] spostarsi = zur Seite rücken

236 Stammi bene![1]

Kurz und bündig. Formulieren Sie die Sätze um, indem Sie die unterstrichenen Satzteile durch passende Pronomen ersetzen.

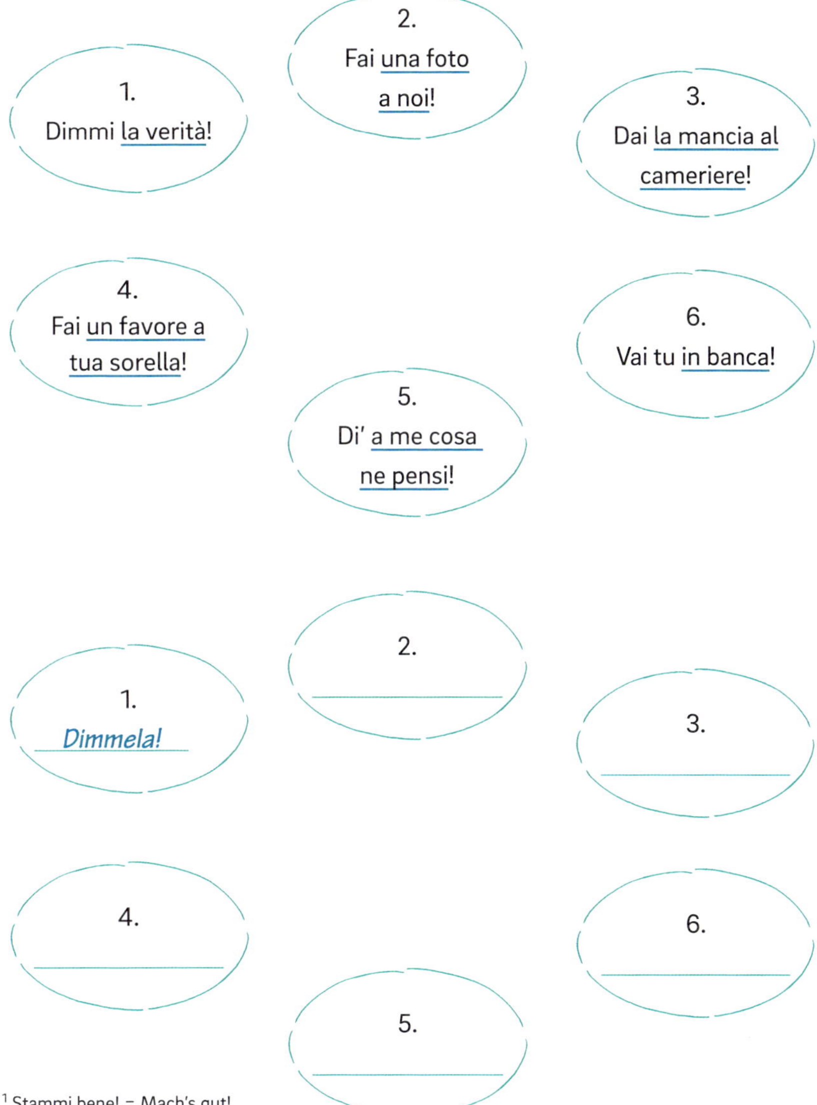

[1] Stammi bene! = Mach's gut!

10.10 Nicht nur Tatendrang

Das Passiv

Wer träumt nicht davon? Einen Gang zurückschalten und es im Land der *dolce vita* entspannt angehen ... Dumm nur, dass diese Zauberformel bei der Sprache nur bedingt greift – so häufig wie die deutschen werden die italienischen Verben nämlich nicht in der Passivform benutzt. Lehnen Sie sich doch einfach entspannt zurück – wir helfen Ihnen auf die Sprünge ...

237 Cittadini attivi

Wandeln Sie die folgenden Sätze ins Passiv um. Verwenden Sie dabei *essere* und – wenn möglich – auch *venire*.

1. I cittadini hanno eletto[1] il Parlamento.

   ____

2. Il Parlamento approva[2] le leggi.

   ____

3. I media informano i cittadini sulle leggi approvate.

   ____

4. I cittadini dovranno rispettare le leggi.

   ____

5. Un tempo[3] soltanto i re[4] prendevano decisioni sulla vita dei cittadini.

   ____

[1] eleggere (eletto) = wählen
[2] approvare = *hier:* beschließen
[3] un tempo = früher
[4] re *m* = König

> ! Italienische Verben sind etwas aktiver als ihre deutschen Kollegen! Deshalb werden anstelle des Passivs gerne auch andere Konstruktionen gebraucht, z. B. das unpersönliche *si* (siehe Kapitel 10.2) oder aber die 3. Person Plural (siehe Übung 108).

238 Come va fatto?

Bilden Sie Sätze mit *andare + participio passato* nach dem Muster. Konjugieren Sie das Verb in der jeweils angegebenen Zeit.

1. lo sciroppo / prendere / dopo i pasti (presente)
   Lo sciroppo va preso dopo i pasti .
2. la verdura / conservare[1] / in frigo (presente)
   ____________________.
3. le regole / cambiare / quando serve (condizionale presente)
   ____________________.
4. questo lavoro / fare / prima (imperfetto)
   ____________________.
5. la merce[2] / spedire / a questo indirizzo (futuro semplice)
   ____________________.
6. come / mettere / il piercing (condizionale presente)

   ____________________?

[1] conservare = aufbewahren
[2] merce *f* = Ware

10.11 Mit Wenn und Aber

Der congiuntivo

Das Wichtigste vorweg: *congiuntivo* ist nicht gleich Konjunktiv! Ja, klar, den Namen teilen sie schon und dazu noch die eine oder andere Eigenschaft. Aber viel zu groß ist die Gefahr eines Durcheinanders, wenn man diese beiden Ausdrucksformen nicht richtig auseinanderhält. Unser Tipp: Betrachten Sie den *congiuntivo* als etwas Eigenständiges und tauchen Sie voll und ganz in die italienische Denkweise ein. Sie werden es nicht bereuen ...

239 Da che parte sta?

***Indicativo presente* oder *congiuntivo presente*? Oder beides? Ordnen Sie zu.**

faccio • abbia • vado • voglio • dica • sappia • avete
capisca • siamo • siano • devono • ascolti • faccia
vadano • stia • facciamo • veda

indicativo presente			

congiuntivo presente			

! Geheimtipp: Bei unregelmäßigen Verben lässt sich der Verbstamm im *congiuntivo* oft (aber nicht immer!) von der 1. Person Singular des Indikativ Präsens ableiten, z. B. *io faccio* → *che io faccia*. Erzählen Sie es aber niemandem weiter!

240 Penso che...

***Indicativo presente* oder *congiuntivo presente*? Unterstreichen Sie jeweils die passende Verbform.**

1. Spero proprio che mio fratello ci (pensa / pensi) bene e che (prende / prenda) la decisione più giusta per se stesso e la sua famiglia.
2. Secondo me non tutti (hanno capito / abbiano capito) quello che hai detto. Potresti ripetere?
3. Hai veramente intenzione di fare un viaggio al Polo Nord? E io pensavo che (era / fosse) uno scherzo...
4. Non voglio che voi (vi disturbate / vi disturbiate) per me. Continuate pure a fare quello che stavate facendo.
5. Eleonora sembra un po' preoccupata in questo periodo: ha paura che il suo ragazzo la (vuole / voglia) lasciare.

241 Ipotesi

Formulieren Sie nun Ihre Vermutungen nach dem Muster. Verwenden Sie dabei die angegebenen Vokabeln sowie den *congiuntivo presente* oder *passato*.

~~vacanze~~ • giorno festivo • fame • sbagliare strada • impegnato[1]

1. È da un po' di tempo che non vedi i tuoi vicini di casa.
   Che siano partiti per le vacanze?
2. Il tuo ragazzo / La tua ragazza non risponde ai tuoi SMS.
   ______
3. Stai aspettando degli amici che non arrivano.
   ______
4. Esci per andare all'ufficio postale, ma lo trovi chiuso.
   ______
5. Il tuo gatto non smette più di miagolare[2].
   ______

[1] impegnato = beschäftigt [2] miagolare = miauen

242 Quando il congiuntivo è di troppo

Vervollständigen Sie die Sätze nach dem Muster. Achten Sie darauf, wie die Nebensätze eingeleitet werden!

1. Preferiscono...
   (loro / pagare in anticipo[1]) *pagare in anticipo*.
   (io / pagare in anticipo) *che io paghi in anticipo*.
2. Presumo...
   (io / non essere l'unico) *di* ...
   (lui / non essere l'unico) ____ ...
3. Giulio non vuole...
   (Giulio / sapere la verità) ____.
   (si / sapere la verità) ____.
4. Avete paura...
   (voi / ammalarsi) ____?
   (io / ammalarsi) ____?
5. Mi sembra...
   (io / essere impazzito[2]) ____.
   (loro / essere impazziti) ____.
6. Mi pare...
   (io / avere detto tutto) ____.
   (voi / avere detto tutto) ____.
7. Credono...
   (loro / essere dei bambini) ____.
   (noi / essere dei bambini) ____.

[1] in anticipo = im Voraus
[2] impazzire = verrückt werden

> **!** Nebensätze mit dem Infinitiv sind im Italienischen gang und gäbe. Glauben Sie es nicht? Dann machen Sie doch (nochmal) Übung 119!

243 Una questione di congiunzioni

Indicativo presente **oder** ***congiuntivo presente*****? Unterstreichen Sie jeweils die passende Verbform. Achten Sie auf die vorausgehende Konjunktion.**

1. Oggi sono rimasta un po' più a lungo in ufficio perché (avevo / avessi) moltissimo lavoro da fare.
2. Ci hanno fatto firmare un documento prima che (ce ne andavamo / ce ne andassimo).
3. Dopo che il burro (si è riscaldato / si sia riscaldato), aggiungete le verdure tagliate a pezzettini.
4. La famiglia di Gianfilippo ha fatto di tutto perché lui (poteva / potesse) studiare in una scuola privata.
5. Sebbene il Governo (ha fatto / abbia fatto) molte promesse, le tasse non sono ancora state abbassate.
6. D'accordo, potete prendere il mio motorino, a patto che[1] me lo (riportate / riportiate) questa sera stessa.
7. Ho superato il test con un risultato brillante, anche se non (avevo / avessi) mai frequentato un corso di italiano prima.
8. Non è compito mio informare i colleghi di quello che è successo, pertanto[2] non (ho / abbia) nessuna intenzione di farlo.
9. Pensavamo di fare due salti in discoteca, a meno che voi non[3] (avete / abbiate) un'idea diversa.
10. Non pensavo che lui fosse un tipo così vanitoso[4], eppure (è / sia) così.

[1] a patto che = unter der Bedingung, dass
[2] pertanto = deshalb
[3] a meno che (non) = es sei denn
[4] vanitoso = eitel

Bilden Sie einige Bedingungssätze. Ganz wichtig: Sätze mit *se* enthalten nie und nimmer einen Konditional!

244 Se solo...

Setzen Sie die angegebenen Verben wie im Beispiel in die richtige Zeitform.

1. Se *fosse* (essere) possibile, *preferirei* (io / preferire) non operarmi.
2. Se Giulia e Fabio ______________ (parlare) un po' di più tra di loro, forse ______________ (riuscire) anche a capirsi.
3. Se ______________ (io / potere) ti ______________ (io / aiutare), ma purtroppo ho le mani legate[1].
4. Non ______________ (essere) meglio se ______________ (noi / mettere) le foto della nostra festa di classe in Internet?
5. Se domenica prossima ______________ (fare) bel tempo, si ______________ (potere) andare a fare vela[2] sul lago.

[1] ho le mani legate = mir sind die Hände gebunden [2] fare vela = segeln

245 Se così fosse...

Übersetzen Sie.

1. Wenn ich es wüsste, würde ich es dir sagen.

   ____

2. Was würdest du tun, wenn du eine Million Euro hättest?

   ____

3. Rufen Sie mich an, wenn Sie Probleme haben sollten.

   ____

4. Wäre es nicht besser, wenn wir anfangen würden zu arbeiten?

   ____

5. Was würdet ihr antworten, wenn ihr an meiner Stelle wärt?

   ____

246 Segreti

Das ist alles nicht mehr möglich ... Geben Sie den folgenden Text in der Vergangenheit wieder.

1. Se lo sapessi, te lo direi.
2. Ma se te lo dicessi, tu che cosa faresti?
3. Lo racconteresti a qualcuno, se ne avessi la possibilità?
4. E questo qualcuno terrebbe il segreto per sé, se lo sapesse?
5. O lo racconterebbe a qualcun'altro, se glielo chiedessero?
6. E che segreto sarebbe, se poi tutti ne parlassero?
7. Per fortuna non lo so, e quindi non te lo dico...

1. Se lo avessi saputo, te lo avrei detto.

247 Vorrei, vorrei, vorrei...

Seien Sie höflicher! Wandeln Sie die folgenden Sätze nach dem Muster um. Achten Sie auf die notwendige Zeitform.

1. Voglio che tu mi dica la verità.
   → *Vorrei che tu mi dicessi la verità.*
2. Preferisco che ci diamo del tu.
   → *Preferirei* ________
3. Non voglio che loro la prendano male[1].
   → *Non vorrei* ________
4. Preferiamo che Lei parli in italiano con noi.
   → *Preferiremmo* ________
5. Vogliono che il figlio diventi avvocato.
   → *Vorrebbero* ________
6. Preferisci che ci siano più spazi verdi qui in città?
   → *Preferiresti* ________
7. Voglio che rimanga tra di noi...
   → *Vorrei* ________

[1] prenderla male = es übel nehmen

10.12 Stille Post

Indirekte Rede und Zeitenfolge

Nein, ganz so lustig wie bei der stillens Post geht es in der indirekten Rede leider nicht zu ... Damit man aber wenigstens den weitergegebenen Nachrichten vertrauen kann, sind einige Spielregeln zu beherzigen. Wer hat was wann gesagt und vor allem im Hinblick auf welche Zeit – auf diese Informationen kommt es nun an! Und wenn es nicht klappt? Na ja, vielleicht kann man dann zumindest darüber lachen ...

248 Che tempi!

Geben Sie die folgenden Sätze nach dem Muster in der Vergangenheit wieder. Achten Sie darauf, ob das Verb im Indikativ oder im *congiuntivo* steht.

1. So che è utile.
   Sapevo che era utile ____________________.
2. Penso che sia utile.
   ____.
3. So che le cose sono cambiate.
   ____.
4. Penso che le cose siano cambiate.
   ____.
5. So che capirai.
   ____.
6. Penso che un giorno capirai.
   ____.

> ! Fazit: Wenn der Hauptsatz um eine Zeitstufe zurückversetzt wird, bleibt das Zeitverhältnis zwischen Haupt- und Nebensatz (Gleich-, Vor- oder Nachzeitigkeit) bestehen! Es bleibt also (fast) alles beim Alten ...

249 Lo sapevo!

Unterstreichen Sie jeweils die passende Zeitform. Achten Sie dabei auf die Zeitenfolge.

1. Non ti ho neppure chiesto se volevi venire con noi perché ero sicuro che (dici / dicessi / avresti detto) di no.
2. Lo sai che ci sono più turisti che visitano la Germania che l'Italia? – Davvero? Io pensavo che (era / fosse / fosse stato) il contrario.
3. Se vi interessa la mia opinione, mi pare che l'altro giorno (avete esagerato / abbiate esagerato / avreste esagerato).
4. Aspettiamo a cominciare. Penso che (manca / manchi / mancasse) ancora qualcuno.
5. Che fine ha fatto Mirko? – Probabilmente (sta finendo / stia finendo / stesse finendo) di mangiare. Vedrai che tra poco arriva.
6. Non ho controllato la posta. Pensavo che lo (hai fatto / abbia fatto / avessi fatto) tu.
7. A essere sincero non credevo che tu (sei / sia / fossi) così brava a suonare la chitarra.
8. Sapevo che la mia nuova ricetta ti (piacerà / piacesse / sarebbe piaciuta)...

250 Che cosa ha detto?

Setzen Sie die folgenden Sätze in die indirekte Rede der Vergangenheit.

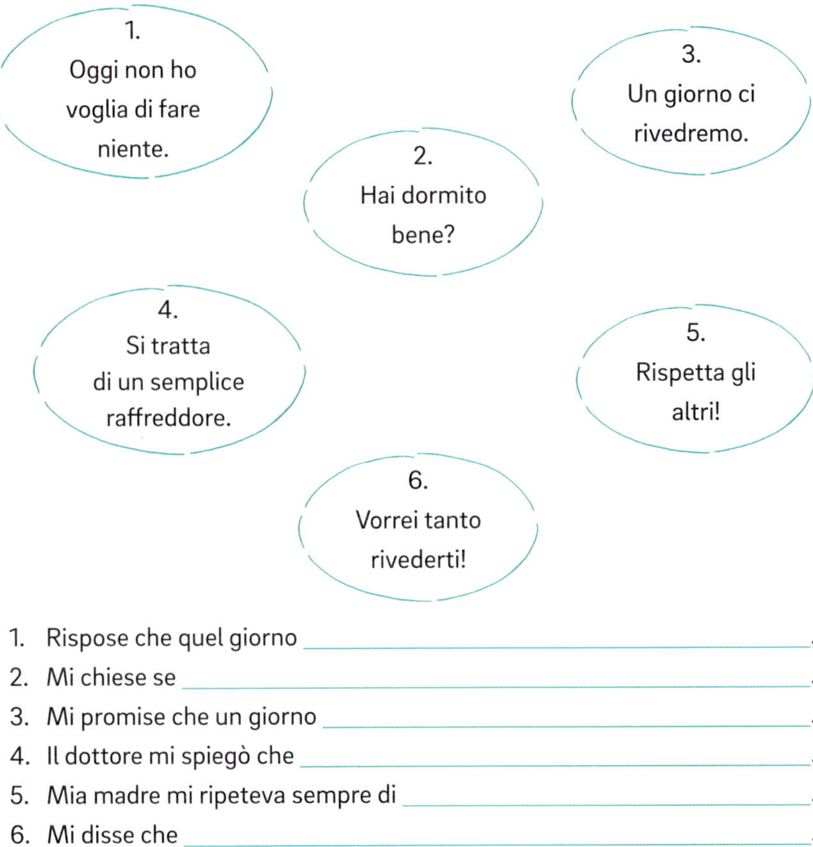

1. Rispose che quel giorno ______________________________.
2. Mi chiese se ______________________________.
3. Mi promise che un giorno ______________________________.
4. Il dottore mi spiegò che ______________________________.
5. Mia madre mi ripeteva sempre di ______________________________.
6. Mi disse che ______________________________.

> ! *Disse, chiese, rispose, spiegò*... Das sind Formen des *passato remoto*, einer Vergangenheitszeit, die – insbesondere in der Schriftsprache – für weit zurückliegende Ereignisse verwendet wird. Im mündlichen Sprachgebrauch steht hingegen meist ein *passato prossimo*. Dieses kann sich dann ebenso auf eine weit zurückliegende Vergangenheit beziehen.

Lösungen

L

1.1

1 1. [tsch] 2. [k] 3. [k] 4. [tsch] / [k]
5. [k] 6. [tsch] 7. [k]

> ▶ *C* vor *a/o/u* wird wie [k] gesprochen. Wird ein *-i-* dazwischengeschoben (*cia/cio/ciu*), wird es wie [tsch] gesprochen.
> *C* vor *e/i* wird wie [tsch] gesprochen. Wird ein *-h-* dazwischengeschoben (*che/chi*), wird es wie [k] gesprochen.

2 [g]: ghepardo, ghiaccio, gigabyte
[dsch]: gelato, magico, giacca, formaggio, gigabyte

> ▶ Es gelten die gleichen Regeln wie bei der Aussprache von *c* – siehe Übung 1.

3 1. [sch] 2. [sk] 3. [sk] 4. [sk]
5. [sch] 6. [sk] 7. [sch]

> ▶ Es gelten die gleichen Regeln wie bei der Aussprache von *c* – siehe Übung 1.

4 [tsch + a]: arancia, pronuncia, ciao
[tsch + o]: bacio, incrocio, annuncio
[tsch + e]: cielo, crociera
[sch + e]: scienza
[sch + o]: sciopero, liscio
Außen vor bleiben: *farmacia* [...tschìa] und *sciare* [schìa...].

> ▶ Bei den Buchstabenkombinationen *cia/cio/ciu/cie*, *gia/gio/giu/gie* oder auch *scia/scio/sciu/scie* ist das *-i-* in der Regel nicht hörbar. Nur in wenigen Fällen kann man es deutlich heraushören – u. a. wenn das *-i-* betont ist, wie im Wort *farmacia* [...tschìa].

5 aglio, famiglia, bagagli, bottiglia, figlio, luglio, moglie, tovaglia

> ▶ Die Buchstabenkombination *gli* wird so gut wie immer ähnlich wie *ll* in „brillant" ausgesprochen und dadurch anders als *li*.

6 stimmlos: simbolo, borsa, messaggio, falso, servizio, sole, insalata, consiglio
stimmhaft: esatto, isola, naso, paese

> ▶ Vor einem Vokal am Wortanfang wird das *s* stimmlos gesprochen. Gleiches gilt für ein Doppel-s im Wortinnern oder wenn *s* auf *l*, *n* oder *r* folgt (z. B. *corso, insieme* usw.) Zwischen zwei Vokalen wird das *s* aber in der Regel stimmhaft gesprochen – wenn auch nicht in allen Regionen Italiens.

7 stimmlos: sfortuna, scarpa, straniero, stanza, ospedale, trasferirsi, stop, squadra
stimmhaft: smettere, sbaglio, sveglia, trasloco

> ▶ Vor stimmlosen Konsonanten (wie *c, f, p, q, t*) wird *s* stimmlos gesprochen, vor stimmhaften Konsonanten (wie *b, d, g, l, m, n, r, v*) wird es stimmhaft gesprochen.

8 1. Europa 2. questo 3. scuola
4. tranquillo 5. qualcosa 6. dieta
7. aiuto 8. miei 9. suoi 10. euro

> ▶ Wenn zwei oder drei Vokale aufeinandertreffen, behält jeder Vokal den eigenen Laut, ähnlich wie im deutschen Wort „Aua!".

9 3. arrivederci 4. c**e**rto
5. documento 6. frat**e**llo
7. l**e**tto 8. momento
9. parcheggio 10. pr**e**zzo
11. spesa 12. tr**e**no

▶ Je nach Wort wird das *e* offen oder geschlossen gesprochen, wobei es teilweise auch erhebliche regionale Unterschiede gibt. Achten Sie darauf, wie Muttersprachler diesen Vokal aussprechen.

10 3. canzone 4. capp**o**tto
5. colazione 6. conto 7. fiore
8. fu**o**ri 9. neg**o**zio 10. par**o**la
11. secondo 12. u**o**mo

▶ Es gelten die gleichen Anmerkungen wie bei der Aussprache von *e* – siehe Übung 9.

11 1. falso 2. vero 3. falso 4. falso
5. vero 6. falso

▶ Die italienische Aussprache von *qu-* ist „ku" und nicht „kw".
Das *h* wird im Italienischen nie gesprochen.
Das *v* klingt im Italienischen wie „w", nicht wie „f".
Das *gn* spricht man im Italienischen ähnlich wie *gn* in „Cognac".

1.2

12 1. c 2. a/d 3. e 4. b 5. d/a

▶ Keine Sorge: Bei diesen Wörtern werden häufig Fehler gemacht. Die meisten italienischen Wörter werden übrigens auf der vorletzten Silbe betont. Es gibt jedoch auch viele Abweichungen.

13 1. 2. 3.
4. 5.

14 1. ta 2. sin 3. o 4. tro 5. no 6. ro

15 Betonung auf dem letzten *-i* bei: polizia, farmacia, segreteria, poesia, biglietteria, agenzia, lavanderia, periferia, fantasia, panetteria

16 2. io perdo, loro perdono 3. io dormo, loro dormono 4. io metto, loro mettono 5. io gioco, loro giocano 6. io offro, loro offrono 7. io racconto, loro raccontano 8. io telefono, loro telefonano 9. io spedisco, loro spediscono 10. io leggo, loro leggono

▶ In der 3. Person Plural des Indikativ Präsens wird die gleiche Silbe betont wie in der 1. Person Singular, auch wenn die Silbenanzahl unterschiedlich ist. Bei regelmäßigen Verben wird nie in der 3. Person Plural das *-a-* oder das *-o-* der vorletzten Silbe betont.

17 1. ascoltavo, ripetevi 2. vedevi, apriva
3. guadagnavamo, preferivate
4. rispondevano, camminavano
5. , telefonavano, analizzavano

▶ Im *imperfetto* liegt die Betonung auf der vorletzten Silbe. Einzige Ausnahme ist die 3. Person Plural – hier fällt die Betonung auf die drittletzte Silbe.

18 2. d. 3. a. 4. f. 5. c. 6. e.

▶ Bei Imperativformen verschiebt sich die Betonung nicht, auch wenn ein Pronomen angehängt wird und sich die Silbenanzahl verändert.

2.1

19 Grande festa ieri per l'inaugurazione della mostra sull'arte del Rinascimento italiano. Presente all'inaugurazione anche il Presidente della Repubblica, che ha voluto ricordare le figure più importanti di quel periodo: Leonardo da Vinci, Michelangelo e Raffaello, che con il loro genio hanno contribuito a far diventare l'Italia uno dei maggiori centri di cultura del mondo. La mostra raccoglie opere provenienti da alcune delle più famose città d'arte italiane, tra cui Urbino, Ferrara, Siena e Firenze. Il direttore della mostra raccomanda di prenotare i biglietti in Internet per evitare code: "Ci aspettiamo un gran numero di visitatori, ma siamo preparati!" La mostra è a Palazzo Ducale in Piazza Dante ed è aperta tutti i giorni tranne a Natale e a Capodanno dalle 8:30 alle 20:00.

▶ Großgeschrieben werden in der Regel Eigennamen (Personen, Länder, Städte, Berge, Seen usw.), Ämter und Institutionen, Namen von Gebäuden, Adressen, Feiertage und Epochen. Auch Wörter am Satzanfang oder am Anfang einer direkten Rede werden großgeschrieben. Auf einen Doppelpunkt folgt aber kein Großbuchstabe! Einige Wörter – u. a. *paese, stato* oder auch *internet* – können klein- oder großgeschrieben werden.

20 1. Questo portatile mi dà dei problemi già da un po' di tempo.
2. O si fa o non si fa, e non è una decisione così difficile!
3. I tuoi libri? Li ho presi io e li ho messi lì.
4. Sì, sì, lo so che si dice così!
5. La cercherò un po' qua e un po' là e vediamo se la trovo.

▶ Achten Sie besonders auf folgende Wortpaare: *si/sì, la/là, li/lì, da/dà, e/è*. Auch einige Verbformen, u. a. die 1. Person Singular des *futuro semplice*, haben einen Akzent.

21 1. tè (das Getränk, nicht das Personalpronomen!) 2. finché 3. è 4. cioè 5. né 6. purché 7. purè (i.S.v. „Püree")

▶ Bei *e* mit Akzent sind – je nach Aussprache – Gravis oder Akut möglich. Trotz regionaler Abweichungen in der Aussprache (siehe dazu auch Übung 9) ändern sich die Akzentzeichen nicht.

22 1. falso 2. falso 3. falso (Trennungsstriche für Einschübe sind möglich, an ihrer Stelle werden aber häufiger Kommas benutzt.) 4. falso (Das Italienische kennt die Anführungszeichen „..." nicht.) 5. vero (Die Schreibung 3.4.2015 ist möglich, aber wenig geläufig.)

23 1. Kein Komma vor *che* (dass).
2. Kein Komma bei Relativsätzen, die einen Satzteil bestimmen (*un autobus* allein ist noch unbestimmt) – außer bei längeren Einschüben.
3. Ti consiglio di leggere questo libro, che ha vinto il Premio Campiello. (Komma bei Relativsätzen, wenn sie eine zusätzliche Information zu einem bereits bestimmten Satzteil – hier: *questo libro* – liefern.)
4. Luigi è un collega un po' difficile, ma certamente ha del talento per gli affari. (Bei einigen Konjunktionen, insbesondere *ma, però, mentre, anche se, sebbene*, steht oft ein Komma. Siehe aber auch Übung 24.)
5. Oggigiorno un sito web può essere creato, senza alcuna particolare difficoltà,

anche da una persona non esperta di computer. (Bei Einschüben kann ein Komma stehen, um die Lesbarkeit zu erleichtern. Bei gesprochenen Sätzen geht das oft mit einem Wechsel der Stimmlage einher.)
6. Andrea, mi hai cercato tu prima? – Sì, ti ho cercato io. (Bei direkter Anrede bzw. bei Wörtern wie *sì* oder *no* steht ein Komma.)

▶ Im Italienischen dienen Kommas hauptsächlich dazu, Sprechpausen zu markieren. Sie richten sich deshalb weniger nach der grammatischen Funktion der Satzteile und ihr Gebrauch ist im Allgemeinen nicht so streng geregelt wie im Deutschen.

24 Per fare le bruschette al pomodoro avete bisogno di pane, pomodori, basilico, aglio, olio d'oliva, sale e pepe. Tagliate i pomodori a pezzetti e conditeli con il basilico, l'olio d'oliva, il sale e il pepe. Tagliate ora il pane a fette non troppo sottili (le fette potrebbero rompersi se sono troppo sottili) e mettetele nel forno. Quando il pane è caldo e croccante, toglietelo dal forno e mettetelo su un piatto. A questo punto distribuite l'aglio sulle fette di pane e aggiungeteci poi i pezzetti di pomodoro. Servite le bruschette mentre sono ancora calde.

▶ Kommas verwendet man auch bei Aufzählungen (nicht aber vor *e*). Bei einem Nebensatz kann das Komma weggelassen werden, wenn er eng mit dem Hauptsatz verbunden ist (vgl. *...se sono troppo sottili... mentre sono ancora calde*). Das ist meist eine Frage des Sprachgefühls.

2.2

25 1. difficile 2. piccante 3. allegro 4. azzurro 5. mamma 6. sabato 7. esattamente 8. autunno 9. soprattutto 10. mezzogiorno

26 1. cassa 2. cappello 3. sete 4. nonno 5. coppia

27 1. ragione 2. bisogno 3. banca 4. frutta 5. pesca 6. segreteria 7. coperto

28 1. avanti, non 2. sugo 3. test 4. quando 5. Davanti, qualche 6. avanti

3.1

29 1. alta 2. vecchie 3. alto 4. antichi 5. anziane

▶ *alto* = groß, hoch; alt = *vecchio*, *antico* (antik), *anziano* (bei Menschen)

30 1. bar 2. banco 3. night club

▶ *bar* = Café; Bar = *night club* (Lokal), *banco* (Theke)

31 1. bravo 2. brava 3. brava (Fai il bravo! = *etwa:* Benimm dich!) 4. bravo/buono

▶ *bravo* = gut (tüchtig, fähig), brav, ehrlich; brav = *bravo* (auch: *buono*) Keine falschen Freunde: *bravo* = brav (artig)

32 1. Non ti piacciono i piatti freddi? Allora prendi un piatto caldo!
2. In inverno mia madre ha sempre i piedi freddi.
3. Qual è la differenza tra colori caldi e (colori) freddi?
4. Non è/fa un po' troppo caldo qui?

▶ *caldo* = warm, heiß; kalt = *freddo*

33 1. camera/stanza 2. telecamera 3. macchina fotografica, camera/stanza

▶ *camera* = Zimmer; Kamera = *macchina fotografica, telecamera* (Fernsehkamera)

34 1. mensa 2. cantina 3. mensa 4. cantina

▶ *cantina* = Keller, Kellerei; Kantine = *mensa*

35 1. concetti 2. traccia 3. piano

▶ *concetto* = Begriff; Konzept = *piano/progetto, traccia* (bei Reden)

36 1. aziende 2. ditte 3. impresa 4. firma

▶ *firma* = Unterschrift; Firma = *ditta* (auch: *azienda* = Betrieb, *impresa* = Unternehmen)

37 1. voti 2. nota 3. nota 4. nota

▶ *nota* = Notiz (*prendere nota di qc.* = etw. notieren, *nota della spesa* = Einkaufszettel); Note = *voto* (in der Schule)
Keine falschen Freunde: *nota* = Note (Musik)

38 1. appunti 2. notizie 3. notizie 4. appunti

▶ *notizia* = Nachricht; Notiz = *appunto*

39 1. vero 2. vero 3. falso 4. vero 5. falso 6. vero

▶ *peperone* = Paprika; Peperoni = *peperoncino*

40 1. offrire 2. speso 3. donati 4. spende

▶ *spendere* (*speso*) = ausgeben; spendieren = *offrire, donare* (stiften)

41 1. borsa di studio 2. stipendio 3. borsa di studio 4. stipendio

▶ *stipendio* = Lohn, Gehalt; Stipendium = *borsa di studio*

42 1. velocità 2. tempo 3. velocità 4. tempo

▶ *tempo* = Wetter, Zeit; Tempo = *velocità*

43 1. termine 2. appuntamento 3. termine 4. termine

▶ *termine* = Frist, (Fach-)Ausdruck, Ende; Termin = *appuntamento*
Keine falschen Freunde: *termine* = Termin (Frist)

3.2

44 1. d. 2. c. 3. a. 4. b.

▶ abholen: abholen gehen = *andare a prendere*; abholen kommen = *venire a prendere*

45 1. è più venuto a trovare 2. sono andato/a a trovare 3. abbiamo visitato 4. ho frequentato

▶ besuchen: jmd. besuchen = *andare/venire a trovare*; bei Stadt o. Ä. = *visitare*; bei Kurs = *frequentare*

46 1. illustrazioni 2. quadro
3. immagine 4. idea

▶ Bild: im Allgemeinen = *immagine*; Gemälde = *quadro*; Abbildung = *illustrazione*; sich ein Bild über etw. machen = *farsi un'idea di/su qc.*

47 1. Molte grazie! – Prego, non c'è di che. / Prego, di nulla.
2. Mi potrebbe aiutare per favore/piacere/cortesia?
3. Posso entrare? – Prego!
4. Ha un passaporto? – Ecco, prego.

▶ bitte: wenn man um etwas bittet = *per favore/piacere/cortesia*; als Erwiderung auf „danke" sowie zur höflichen Aufforderung, etw. zu tun oder anzunehmen = *prego*

48 1. serve 2. servono 3. ci vuole
4. ha bisogno di 5. ci metto
6. ci vogliono 7. serve

▶ brauchen = *avere bisogno di* (*qn. ha bisogno di qc.* = jmd. braucht etw.), *serve/servono* (hier ist das Subjekt das, was gebraucht wird: *qc. serve a qn.* heißt wörtlich „etw. dient jmd."), *ci vuole/ci vogliono* (unpersönlich gebraucht, bedeutet etwa „ist/sind erforderlich"), *metterci* (bezieht sich auf ein Subjekt – *io ci metto* – und ist meist auf zeitliche Angaben beschränkt). Anstelle von *serve/servono* kann man *occorre/occorrono* sagen, das aber etwas weniger gebräuchlich ist.

49 1. andati/e 2. guidare 3. portare
4. viaggiato 5. passati/e

▶ fahren: im Allgemeinen = *andare*; jmd. fahren = *portare qn. in macchina*; lenken, steuern = *guidare*; reisen = *viaggiare*; durch/über etw. fahren = *passare per*

50 1. sbagliata 2. false 3. falsa
4. sbagliato

▶ falsch: nicht so, wie es sein sollte = *sbagliato*; nicht der Wahrheit entsprechend = *falso*; gefälscht = *falso*

51 1. questione 2. domanda
3. questione 4. dubbio

▶ Frage: im Allgemeinen = *domanda*; Angelegenheit = *questione*; eine Frage des/der = *una questione di...*; in Frage stellen = *mettere in dubbio/discussione*

52 1. il tuo ragazzo 2. le mie amiche
3. un'amica, la mia ragazza
4. una mia amica

▶ Freund(in): bei Freundschaft = *amico/a*; bei Liebesbeziehung = *ragazzo/a*

53 1. sentimento 2. senso 3. emozioni
4. sensazione

▶ Gefühl: im Allgemeinen = *sentimento*; bei vorübergehender Gemütsbewegung = *emozione*; Ahnung, Eindruck = *sensazione*; Gespür = *senso*

54 Waagerecht: 3. alto 4. maggiore
Senkrecht: 1. grosso 2. grande

▶ groß: im Allgemeinen = *grande*; von beträchtlichem Ausmaß, dickleibig = *grosso*; bei Körpergröße = *alto*; größer, älter = *più grande, maggiore*

55 1. Ragazzi, avete fatto un buon lavoro.
2. Se il tempo è buono/bello, possiamo sederci fuori.
3. Wow, sei proprio/davvero bravo/a!
4. Tutto sommato è un bravo ragazzo/un buon ragazzo.

▶ gut: im Allgemeinen = *buono*; bei Wetter = *buono, bello*; tüchtig = *bravo*; artig = *buono, bravo*

56 1. capelli 2. peli 3. pelo 4. peli

▶ Haar: Kopfhaar = *capello*; am Körper = *pelo*; bei Tieren = *pelo*

57 1. biglietti 2. biglietto 3. carte
4. cartina 5. biglietti, carta
6. cartolina 7. menù

▶ Karte: Eintritts-, Fahr-, Visitenkarte = *biglietto*; Kreditkarte = *carta di credito*; Spielkarte = *carta*; Postkarte = *cartolina*; Landkarte = *carta/cartina*; Speisekarte = *menù*

58 1. figlio 2. bambini, bambine
3. figlie 4. bambini

▶ Kind: Kleinkind = *bambino/a*; Sohn, Tochter = *figlio/a*

59 1. Forse hai fatto un piccolo errore...
2. Conosci quell'uomo basso/piccolo con gli occhiali?
3. Potremmo fare una breve/piccola pausa?
4. Viene anche mio fratello minore/più piccolo.

▶ klein: im Allgemeinen = *piccolo*; bei Körpergröße = *basso*; bei Dauer = *breve*; kleiner, jünger = *più piccolo, minore*

60 1. Io non so ballare il flamenco, e tu?
2. Mi dispiace, ma non posso proprio venire a casa tua.
3. Paolo, puoi farmi una telefonata stasera?
4. Ragazzi, sapete/potete dirmi dove si trova la birreria "Alla Spina"?
5. Puoi pulirti le scarpe prima di entrare?
6. Ora possiamo stare insieme per sempre...

▶ können: die Möglichkeit haben = *potere*; die Fähigkeit haben = *sapere*

61 1. d 2. e 3. a 4. b. 5. c 6. g 7. f

▶ lassen: im Allgemeinen (Satz 4) sowie bei vielen Wendungen (1, 3) = *lasciare*; lassen + Infinitiv = *fare + infinito* (2, 6, 7); im Sinne von „zulassen" auch: *lasciare + infinito* (5)

62 1. tagliarmi 2. divorziare 3. operarsi
4. bocciato

▶ lassen: in manchen Fällen kann es durch ganz andere Verben wiedergegeben werden, z. B. *tagliarsi i capelli* (sich die Haare schneiden lassen), *divorziare* (sich scheiden lassen), *operarsi* (sich operieren lassen), *bocciare* (durchfallen lassen)

63 1. Cammina 2. correre 3. funzionare
4. è in corso 5. procede

▶ laufen: gehen = *camminare*; joggen, rennen = *correre*; bei Geräten o. Ä. = *funzionare*; bei Veranstaltungen o. Ä. = *essere in corso*; vorangehen = *procedere, andare*

64 1. Questa mattina ho fatto una colazione leggera.
2. Non avevamo un compito facile!
3. Non vuoi prendere un maglione/pullover leggero?
4. Non è così facile da capire...

▶ leicht: bei Gewicht, Menge = *leggero*; einfach = *facile*

65 1. imparando 2. studiare
3. imparerai 4. imparato

▶ lernen: Kenntnisse erwerben = *imparare*; als Tätigkeit = *studiare*

66 1. rompe 2. Mettiamoci 3. rendere
4. sporcato, pulire

▶ machen: je nach Wortverbindung wird es unterschiedlich wiedergegeben, z. B. kaputt machen = *rompere*, schmutzig machen = *sporcare*, sauber machen = *pulire*, möglich machen = *rendere possibile*, sich an etw. machen = *mettersi a fare qc.*

67 1. un messaggio 2. una notizia
3. un messaggio 4. del telegiornale

▶ Nachricht: im Allgemeinen = *notizia*; auf Anrufbeantworter, Handy o. Ä. = *messaggio*; Fernsehnachrichten = *telegiornale*

68 1. prossimo 2. più vicina 3. dopo
4. prossima

▶ nächst: bei zeitlicher Reihenfolge, auf die Zukunft bezogen = *prossimo*; auf die Vergangenheit bezogen = *dopo*; als Ortsangabe = *più vicino*; bei räumlicher Reihenfolge = *prossimo*

69 1. pesante 2. difficile 3. pesante
4. gravi 5. difficile

▶ schwer: bei Gewicht, Verdauung = *pesante*; schwierig = *difficile*; gravierend, ernsthaft = *grave*

70 1. giocare 2. recitare 3. giocare
4. suonare

▶ spielen: bei Sport, Spiel o. Ä. = *giocare*; bei Film, Theater o. Ä. = *recitare*; bei Musik = *suonare*

71 1. tasca 2. borsa 3. borsetta
4. borsa

▶ Tasche: bei Hose, Jacke usw. = *tasca*; Sport-, Einkaufstasche o. Ä. = *borsa*; Handtasche = *borsetta*

72 1. durante 2. mentre 3. durante
4. mentre 5. mentre

▶ während: Präposition + Substantiv = *durante*; Konjunktion + Satz = *mentre*

73 1. se 2. Quando 3. Se 4. quando/se

▶ wenn: falls = *se*; immer wenn / zu dem Zeitpunkt, wenn = *quando*

74 1. venuto, Diventerai 2. compiuto 3. comincia 4. fatto

▶ werden: im Allgemeinen = *diventare*; bei vielen Wortverbindungen werden aber andere Verben benötigt, z. B. schön werden = *venire bene*; 40 werden = *compiere 40 anni*; es wird kalt = *comincia a fare freddo*; spät werden = *farsi tardi*

75 1. ammalato/a 2. peggiorata 3. migliora 4. guarisci

▶ werden: besser werden = *migliorare*; schlechter werden = *peggiorare*; krank werden = *ammalarsi*; gesund werden = *guarire*

76 1. ascoltando 2. ascolti 3. sentito 4. sento, ascoltando

▶ hören: im Allgemeinen = *sentire*; bei Musik = *ascoltare*; zuhören, auf jmd. hören = *ascoltare qn.* (mit direktem Objekt, siehe auch Übung 221)

4.1

77

A	**P**	**R**	**E**	**P**	**A**	**R**	**A**	**R**	**E**	B
F	E	R	M	U	L	I	R	E	R	O
E	**F**	O	**U**	A	P	**F**	**A**	**R**	**E**	I
N	**A**	R	E	**S**	G	A	P	M	M	A
P	**R**	U	C	N	**C**	E	L	O	S	A
A	**E**	G	H	A	L	**I**	B	B	I	S
Q	I	U	N	E	S	C	**R**	O	A	T
Z	**G**	**U**	**A**	**R**	**D**	**A**	**R**	**E**	N	E

1. fare (*auch:* farsi) una doccia
2. fare (*auch:* farsi) un caffè 3. preparare la tavola 4. guardare la televisione
5. uscire di casa

78 1. colazione (fare colazione = frühstücken) 2. spesa (fare la spesa = einkaufen) 3. letti (fare/rifare i letti = die Betten machen) 4. mangiare (fare da mangiare = das Essen zubereiten) 5. piatti (fare i piatti = das Geschirr abspülen) 6. lavatrice (fare la lavatrice = *etwa:* die Wäsche in der Waschmaschine waschen) 7. bagno (fare/farsi un bagno = ein Bad nehmen) 8. sogno (fare un sogno = einen Traum haben) 9. barba (farsi la barba = sich rasieren)

79 1. portare (portare fuori il cane = mit dem Hund spazieren gehen) 2. prendere (prendere un appuntamento = einen Termin vereinbaren) 3. lavare (lavare i piatti = das Geschirr abspülen) 4. mettere (mettere in ordine = aufräumen) 5. cambiare (cambiare casa = umziehen)

80 1. Ho 2. Ho preso / Mi sono preso 3. Ho 4. Ho

81 Waagerecht: 3. darsi 5. andare 6. mettersi
Senkrecht: 1. fare 2. fidarsi 4. darsi

82 1. idea 2. discussione 3. senso 4. far(e) 5. bene/male 6. dire 7. prendere

83 1. rispondere 2. colpo 3. telefonata 4. fare 5. sbagliare

84 1. fare una domanda 2. fare un esame 3. prendere appunti 4. imparare a memoria 5. fare silenzio

85 1. domanda (fare domanda di lavoro = sich um eine Arbeitsstelle bewerben) 2. sciopero (essere in sciopero = streiken) 3. orario (fare orario continuato = durchgehend geöffnet sein), turni (fare i turni = Schicht arbeiten) 4. malattia (essere in malattia = krankgeschrieben sein)

86 1. fare la prima 2. stare dai genitori 3. prendere la patente 4. prendere una laurea 5. cercare casa 6. formare una famiglia 7. avere bambini

87 1. il biglietto (fare il biglietto = die Fahrkarte kaufen) 2. il check-in (fare il check-in = einchecken) 3. la coda (fare la coda = in der Schlange stehen) 4. il pieno (fare il pieno = volltanken) 5. strada (sbagliare strada = sich verfahren) 6. le valigie (fare le valigie = die Koffer packen)

88 1. es eilig haben 2. es kaum erwarten können, etw. zu tun 3. es rechtzeitig schaffen, etw. zu tun 4. pünktlich sein 5. sich beeilen 6. spät werden 7. an der Zeit sein, zu ... 8. Verspätung haben

89 2. g 3. i 4. h 5. c 6. b. 7. a. 8. e. 9. j. 10. d.

90 1. scherzo 2. auguri 3. figura 4. stupido 5. attenzione

91 1. da letto 2. di famiglia 3. lezione 4. di cucina 5. elenco 6. dei piatti 7. pianta

92 1. carta geografica 2. scuola guida 3. centro storico 4. animale domestico 5. grande magazzino 6. parco giochi

93 1. ridere (far ridere qn. = jmd. zum Lachen bringen) 2. piangere (far piangere qn. = jmd. zum Weinen bringen) 3. arrabbiare (far arrabbiare qn. = jmd. ärgern) 4. impazzire (far impazzire qn. = jmd. verrückt machen)

4.2

94 1. buco 2. pasta 3. mare 4. scherzare 5. turco 6. acqua

95 2. a. 3. b. 4. f. 5. g. 6. d. 7. e.

96 1. nero (un occhio nero = ein blaues Auge) 2. verdi (essere verde d'invidia = gelb vor Neid sein) 3. rosso (rosso come un peperone = rot wie eine Tomate) 4. bianco (bianco come un lenzuolo = weiß wie Kreide) 5. nero (vedere tutto nero = alles grau in grau malen)

97 1. carota 2. uovo 3. piatto 4. bere 5. pane

98 1. volpe (essere una vecchia volpe = ein alter Hase sein) 2. lupi (avere una fame da lupi = einen Bärenhunger haben) 3. gallina (è meglio un uovo oggi che una gallina domani = besser ein Spatz in der Hand als eine Taube auf dem Dach) 4. lumaca (essere una lumaca = eine lahme Ente sein) 5. topo (essere un topo di biblioteca = eine Leseratte sein)

99 1. mi sento sollevato (togliersi un peso dallo stomaco = jmd. fällt ein Stein vom Herzen) 2. non fa mai niente (non muovere mai un dito = keinen Finger krumm machen) 3. più o meno (a occhio e croce = über den Daumen gepeilt) 4. è ... la sua collaboratrice più importante (essere il braccio destro di qn. = die rechte Hand von jmd. sein) 5. sperare nella fortuna (incrociare le dita = die Daumen drücken)

4.3

100
◆ Buongiorno, signor Müller.
● Quanti anni hai, Riccardo?
● E ti piace qui al mare?
● Sono tedesco.

101 1. Sono le nove e dieci.
2. Sono le undici e quindici / le undici e un quarto.
3. Sono le dodici e trenta. / È mezzogiorno e mezzo/a.
4. Sono le tredici. / È l'una.
5. Alle quindici e trenta. / Alle tre e mezzo/a.

6. Alle sedici e quarantacinque. / Alle quattro e tre quarti. / Alle cinque meno un quarto.
7. Alle diciotto e cinquanta. / Alle sette meno dieci.
8. A mezzanotte.

102 1. questa sera (heute Abend) 2. ieri mattina (gestern Vormittag), ieri pomeriggio (gestern Nachmittag) 3. l'altroieri (vorgestern), dopodomani (übermorgen) 4. fa (vor), fra/tra (in) 5. prima (davor), dopo (danach) 6. scorsa (letzte), prossima (nächste)

103 1. 1455 / Alla metà del Quattrocento. 2. 1712 / All'inizio del diciottesimo secolo. 3. 1860 / Intorno alla metà dell'Ottocento. 4. 1969 / Verso la fine del ventesimo secolo.

▶ Neben der Zählung der Jahrhunderte – z. B. *il quindicesimo secolo* (das fünfzehnte Jahrhundert) – sind im Italienischen auch Angaben wie *il Quattrocento* (1400–1499) üblich.

104
- ◆ Da quanto tempo aspetta?
- ◆ E quante volte è già venuta qui?
- ● La prima volta è stata nel 2010, il 24 agosto 2010.
- ◆ Naturalmente no. Che giorno è oggi?
- ● Oggi... è il primo aprile.

▶ Vor Jahresangaben steht *nel* (bzw. *il*, wenn man *über* das Jahr spricht). Der bestimmte Artikel *il* steht vor Datumsangaben im Sinne von „der" bzw. „am": *il 3 marzo*. Der Tag wird durch die Grundzahl ausgedrückt, außer beim 1. Tag im Monat: Hier wird die Ordnungszahl *primo* benötigt.

105 1. Com'è possibile?
2. Oh, mi dispiace molto!
3. Non fa (nessuna) differenza.
4. Cosa?! Non capisco...
5. È davvero molto gentile da parte Sua!

▶ Als Subjekt bleibt das Pronomen „das" meist unübersetzt. Eine Wiedergabe durch *questo* ist möglich, wenn man direkt auf etwas hinweist bzw. bei besonderer Betonung: *Questa non è una buona idea.* (*Das* ist keine gute Idee.) Als Objekt wird es eher, wenn überhaupt, mit *lo* übersetzt: (*Questo*) *lo deve sapere.* (Das müssen Sie wissen.)

106 1. Come 2. Cosa 3. Qual 4. Che 5. Quanto 6. Dove

107
- ● Ciao Roberto! Come va?
- ◆ Bene, grazie. E tu, come stai? È tanto (tempo) che non ci vediamo!
- ● Anch'io bene. Ma che bel cane che hai!
- ◆ Non è mio.
- ● E di chi è allora?
- ◆ È del mio vicino.
- ● Guarda! Adesso sbadiglia. Ha sonno?
- ◆ No. È solo che vuole continuare a correre.
- ● Capisco. Comunque bisogna organizzare una serata con gli amici prossimamente.
- ◆ Ma certo! Adesso però devo andare. Buona giornata!
- ● Anche a te! Ciao!

108 2. Nel nostro quartiere hanno aperto un nuovo ristorante.
3. E poi dicono che è fedele...
4. Hanno scoperto un nuovo pianeta.
5. Ferdinando, ti chiamano!

▶ Im Italienischen wird oft das unbestimmte Personalpronomen *loro* verwendet. Stattdessen wird im Deutschen oft das Passiv bevorzugt.

109 1. festeggeremo 2. dovremo 3. Torneremo 4. Mi sentirò, smetterò 5. comincerà

▶ Im Deutschen werden Sätze, die sich auf die Zukunft beziehen, oft mit einem Verb im Präsens gebildet. Dies geschieht zwar auch im Italienischen, aber im Vergleich zum Deutschen wird die Zukunftsform deutlich häufiger verwendet.

110 1. c. 2. a. 3. e. 4. b. 5. d.
1. desidera 2. piace 3. molto buono/a 4. Il conto 5. Offro

111 2. Gli spaghetti li facciamo sempre al dente.
3. La pasta l'hai buttata?
4. Le patatine fritte non le volete?
5. Il dolce lo mangiamo un po' più tardi.
6. Il caffè lo vuoi liscio o macchiato?

▶ Um das Objekt zu betonen, setzt man es an den Satzanfang – gefolgt vom dazugehörigen Objektpronomen.

112 2. L'ha tagliata il mio ragazzo.
3. Le ha stirate la nonna.
4. Ci è andato Giovanni.
5. Ci vado io.
6. La prepari tu!

▶ Um das Subjekt zu betonen, setzt man es ans Satzende: *Sono stato io!* (Ich war's!).

113 1. scusa 2. Può, grazie 3. scusi 4. grazie 5. preghiamo

▶ Die Ausdrücke *per favore* oder *prego* werden nicht so häufig verwendet wie „bitte" im Deutschen. Man greift stattdessen auch zu *scusa/i* bzw. *grazie* oder bringt eine höfliche Bitte durch eine andere Formulierung zum Ausdruck.

114 1. fai 2. ci 3. dire 4. di 5. ricordo 6. cosa 7. Credo 8. ricordi
1. c. 2. f. 3. a. 4. h. 5. b. 6. d. 7. g. 8. e.

115 1. Anch'io vengo da Stoccarda.
2. Anche questo treno va a Milano? / Questo treno va anche a Milano?
3. Anche quelle scarpe blu mi sembrano eleganti! / Quelle scarpe blu mi sembrano anche eleganti!
4. Lavori anche da casa?
5. Anche loro sono venuti!
6. Lo fai anche tu?
7. Volevo anche ringraziarti...

▶ Das Wort *anche* steht in der Regel vor dem Subjekt, wenn es sich darauf bezieht: *Anche questo treno...* Im Sinne von „außerdem, zudem" steht es vor dem betreffenden Wort bzw. Satzteil: *...va anche a Milano?* Der gleiche Unterschied wird auch in Satz 3 ersichtlich.

116 1. Non ho (nessuna) voglia. – Neanch'io.
2. Non ho fame e neanche sete.
3. Non prendi un caffè? Allora non lo prendo neanch'io. / Allora neanch'io lo prendo. / (Allora anch'io non lo prendo.)
4. Non sappiamo neanche dove dobbiamo cominciare.

5. Non ha tempo per noi neanche oggi. / Neanche oggi ha tempo per noi. / (Anche oggi non ha tempo per noi.)

▶ Steht *neanche* am Satzanfang, so wird kein weiteres Verneinungswort benötigt. Anstelle von *neanche* kann man meistens auch *nemmeno* bzw. *neppure* verwenden.

117 1. quella 2. Questi, quelli 3. quello 4. quelli 5. Questo, quello 6. quelle

▶ Dem Demonstrativum „der/die/das" entspricht entweder *questo/a* (nahe beim Sprechenden) oder – häufiger – *quello/a* (weiter weg vom Sprechenden).

118 1. l'ora (Ich freue mich, dich wiederzusehen!) 2. aspettiamo/attendiamo (Wir freuen uns auf Ihren zahlreichen Besuch ...) 3. piacere (Ich freue mich für dich!) 4. felici/contenti/lieti (Wir würden uns sehr freuen, ...) 5. felice / contento/a / lieto/a (Ich freue mich darauf, Sie persönlich kennenzulernen.)

119 2. Spero di fare una bella figura.
3. Prima di cominciare devo ricordarmi di spegnere il cellulare.
4. Non so come fare a calmarmi.
5. Non ho più pensato di chiedere gli appunti ai compagni.
6. Mi sembra di non ricordarmi più niente!!

▶ Sie brauchen das Wörtchen *che* (dass) nicht, denn in solchen Fällen – insbesondere bei gleichem Subjekt im Haupt- und im Nebensatz – ist im Italienischen eine Infinitivkonstruktion üblich.

120 1. Ai miei genitori piace viaggiare.
2. A mia madre piacerebbe visitare gli Uffizi una volta. / Mia madre vorrebbe...
3. Mio padre però preferirebbe salire sull'Etna.
4. Mia madre vorrebbe anche fare una gita in gondola a Venezia. / A mia madre piacerebbe...
5. "...allora è meglio se vai da sola!", dice mio padre.
6. Io preferisco non andare in vacanza con i miei genitori.

▶ Um Vorlieben auszudrücken, verwendet man am häufigsten Formulierungen mit *piacere*, *volere* (im Konditional) sowie *preferire*.

5.1

121 un: impiegato, aperitivo, animale, errore, uomo, esame, orologio, insegnante
un': impiegata, idea, isola, arancia, informazione, insegnante, emozione

▶ Vor männlichen Substantiven, die mit Vokal beginnen, steht der unbestimmte Artikel *un*; vor weiblichen Substantiven, die mit Vokal beginnen, der unbestimmte Artikel *un'*. Bezüglich *insegnante* vgl. Übung 132.

122 2. psicologo 3. yogurt 4. specchio 5. zio 6. scandalo

▶ Vor männlichen Substantiven, die mit *gn*, *ps*, *s* + Konsonant, *y* und *z* beginnen, steht der unbestimmte Artikel *uno* bzw. der bestimmte Artikel *lo*. Ein anderer Konsonant am Wortanfang verlangt die Artikel *un* bzw. *il*.

123 2. gli sconti 3. gli appuntamenti 4. gli zaini 5. l'esercizio 6. l'ombrello 7. lo pseudonimo 8. lo studente

▶ Die bestimmten Artikel *l'* und *lo* werden im Plural zu *gli*.

124 1. una ricetta, gli gnocchi, la cannella, lo zucchero 2. il giornale, un articolo 3. Le autostrade 4. lo yoga 5. i matrimoni misti, un'eccezione 6. uno stereo

▶ Zusammenfassend eine Übersicht über die Artikel im Italienischen:

	unbest.	best. Sing.	best. Plur.	
m	un	il	i	(vor Konsonant)
	un	l'	gli	(vor Vokal)
	uno	lo	gli	(vor *s* + Konsonant, *gn*, *ps*, *y*, *z*)
f	una	la	le	(vor Konsonant)
	un'	l'	le	(vor Vokal)

5.2

125 1. Ø 2. il signor Casini 3. dalla Svizzera 4. Ø 5. l'italiano 6. il calcio 7. Ø

▶ Anders als im Deutschen steht der bestimmte Artikel u. a. vor *signore/a* oder Titeln (nicht aber bei der direkten Anrede), Ländern (nicht aber nach der Präposition *in*), Sprachen (nach den Verben *parlare* oder *studiare* kann er aber auch fehlen), Sportarten (nicht aber nach dem Verb *giocare a*).

126 1. Il tedesco è una lingua difficile.
2. Il venerdì alle tre di solito sono ancora al lavoro. / Di solito il venerdì...
3. La mia amica Eva oggi è malata. Ha la febbre.
4. Da bambino/a la matematica non mi piaceva / non mi piaceva la matematica.
5. Teresa ha i capelli neri e gli occhi azzurri.
6. Le donne amano gli uomini di successo.

▶ Den bestimmten Artikel benutzt man auch vor Wochentagen (im Sinne von „an jedem Montag/Dienstag" usw.), Uhrzeiten, Schulfächern (nach dem Verb *studiare* aber nicht unbedingt), Krankheiten, Körperteilen, beim Ausdruck von Verallgemeinerungen (vgl. Satz 6) sowie vor Possessivadjektiven (siehe dazu aber Übung 146!).

5.3

127 Vorrei delle carote, degli zucchini, dei limoni, degli asparagi, della mortadella, del prosciutto e dell'olio.

▶ Unbestimmte Mengenangaben werden mit dem Teilungsartikel ausgedrückt. Dieser wird durch die Präposition *di* und den bestimmten Artikel gebildet: *di + il = del*, *di + la = della* usw. Die Formen lauten: *del, dello, della, dell', dei, degli, delle.*

128 2. dei bei ricordi di lui (*bei*: siehe Übung 144) 3. degli zii a Napoli 4. degli impegni in giornata 5. delle informazioni per voi

▶ Der Plural des unbestimmten Artikels wird mit dem Teilungsartikel ausgedrückt.

129 1. Vuoi bere del tè o del caffè?
2. I nonni hanno portato dei regali per i bambini.
3. Nella vita ci sono dei momenti che restano/rimangono nel nostro cuore per sempre.
4. Ho dei buoni motivi per essere felice.
5. Tesoro, hai degli amici simpatici...

L

▶ Der Teilungsartikel hat oft keine Entsprechung im Deutschen. Man muss ihn zwar nicht immer verwenden, wenn man vom Deutschen ins Italienische übersetzt, aber mit dem Teilungsartikel klingen die Sätze meistens runder.

6.1

130 männlich: paese, fiore, cellulare, giornale, colore, ponte, dente
weiblich: colazione, chiave, frase, informazione, lezione, stazione, televisione

▶ Substantive auf *-e* können männlich oder weiblich sein. Sie enden im Plural auf *-i*: *paesi, fiori, colazioni* usw.

131 männlich: piatto (piatti), problema (problemi), tram (tram), menù (menù)
weiblich: fermata (fermate), auto (auto), foto (foto), novità (novità)

▶ Substantive auf *-o* (Plural: *-i*) sind in der Regel männlich und Substantive auf *-a* (Plural: *-e*) weiblich. Ausnahmen sind einige männliche Substantive auf *-ma* (Plural oft: *-mi*) bzw. einige weibliche Substantive (meist Abkürzungen) auf *-o* (Plural: unverändert). Im Plural unverändert bleiben auch Substantive auf Konsonant (die oft männlich sind) sowie Substantive (männlich oder weiblich) mit Akzent auf der letzten Silbe.

132 1. professioniste 2. colleghe 3. dipendenti 4. insegnante 5. dottoressa 6. direttrice 7. assistenti

▶ Substantive auf *-ista* sind männlich und weiblich und enden im Plural auf *-isti* bzw. *-iste*. Auch einige Substantive auf *-e* (darunter solche auf *-ante* oder *-ente*) können männlich und weiblich sein (Plural: *-i*). Gleiches gilt für das Substantiv *collega*, wobei die Pluralform *colleghi* bzw. *colleghe* lautet. Berufsbezeichnungen auf *-tore* bilden die weibliche Form meist auf *-trice*, einige Substantive auf *-e* oder *-ore* enden im Plural jedoch auf *-essa*.

133 anno, amici, tutti i giorni, tutto il giorno, volta

▶ Auf *ogni* (jede/r/s) und *qualche* (einige) folgt immer ein Substantiv im Singular, auf *alcuni/e* (einige) ein Substantiv im Plural. Beachten Sie auch den Unterschied zwischen *tutto il* (der ganze) und *tutti i* (alle, jeden).

6.2

134 1. uova 2. braccia 3. dita 4. uomini 5. mani

▶ Einige Substantive haben eine unregelmäßige Pluralform. In manchen Fällen ändert sich dabei auch das Geschlecht.

135 1. pantaloni, soldi 2. mutande 3. gente 4. occhiali 5. forbici

▶ Die oben genannten Substantive werden so gut wie immer im Plural (bzw. *gente* im Singular) verwendet.

136 1. i medici 2. gli alberghi 3. i pacchi 4. i meccanici

5. i giochi 6. i tecnici
7. gli psicologi 8. gli asparagi

▶ Substantive auf *-co*: Plural auf *-chi* bei Betonung auf der vorletzten Silbe und auf *-ci* bei Betonung auf der drittletzten Silbe. Vgl. *me-di-co* → *medici*, *pac-co* → *pacchi*. Ausnahmen sind u. a. *a-mi-co* → *amici* und *gre-co* → *greci*.
Substantive und Adjektive auf *-go*: Plural meist auf *-ghi*. Ausnahmen: einzelne Substantive wie *asparago* → *asparagi* sowie Berufsbezeichnungen auf *-logo* mit Plural auf *-gi*.

137 Unbetontes -i-: spiaggia (spiagge), focaccia (focacce), valigia (valigie), provincia (province), camicia (camicie), faccia (facce), goccia (gocce)
Betontes -i-: allergia (allergie), farmacia (farmacie), bugia (bugie), analogia (analogie)

▶ Substantive auf *-cia* und *-gia* mit betontem *-i-* enden im Plural immer auf *-cie/-gie*. Bei unbetontem *-i-* wird der Plural auf *-cie/-gie* gebildet, wenn vor der Endung *-cia/-gia* ein Vokal steht (*valigia* → *valigie*), und auf *-ce/-ge*, wenn der Endung ein Konsonant vorausgeht (*arancia* → *arance*). Ausnahmen sind möglich.

7.1

138 1. d. 2. a. 3. g. 4. e. 5. b. 6. f. 7. c.

▶ Ein männliches Substantiv auf *-o* oder *-e* kann mit einem Adjektiv auf *-o* oder *-e* kombiniert werden, ein weibliches Substantiv auf *-a* oder *-e* mit einem Adjektiv auf *-a* oder *-e*.

139 1. dei quadri moderni 2. delle giornate calde 3. dei momenti difficili 4. delle persone divertenti 5. molti paesi 6. le stesse informazioni 7. dei colori forti 8. delle offerte interessanti

▶ Bei einem männlichen Substantiv + Adjektiv endet der Plural auf *-i* + *-i*.
Bei einem weiblichen Substantiv + Adjektiv gelten folgende Kombinationen:
Singular → Plural
-a + *-a* → *-e* + *-e* (*cose giuste*)
-a + *-e* → *-e* + *-i* (*cose divertenti*)
-e + *-a* → *-i* + *-e* (*frasi giuste*)
-e + *-e* → *-i* + *-i* (*frasi divertenti*)

140
♀ Allora, ragazzi, siete pronti?
♂♂ Sì, siamo pronti!
♀ E voi ragazze?
♀♀ Anche noi siamo pronte / Siamo pronte anche noi!
♂♂ E tu, mamma, tu sei pronta?
♀ Certo! Sono pronta da un'ora!
♀ E il papà... (lui) è pronto? Ma... dov'è il papà?

▶ Im Italienischen werden Adjektive angeglichen, auch wenn sie auf ein Verb wie *essere* folgen.

141 1. simpatici 2. unici 3. ubriachi 4. classici 5. fantastici 6. freschi

▶ Für die Adjektive auf *-co* gelten dieselben Regeln wie für die Substantive auf *-co* (vgl. Übung 136): Plural auf *-chi* bei Betonung auf der vorletzten Silbe und auf *-ci* bei Betonung auf der drittletzten Silbe: *u-bria-co* → *ubriachi*, *sim-pa-ti-co* → *simpatici*.

142 1. Buon 2. Buona 3. Buon
4. Buone 5. Buon

▶ Vor einem Substantiv nimmt *buono* die Endungen des unbestimmten Artikels an: *buon, buono, buona, buon'* (bzw. *buona*). Steht es hingegen allein, werden die üblichen Formen *buono/a/i/e* verwendet: *Dino è buono come il pane.* (Dino ist gutherzig [wörtlich: gut wie das Brot].)

143 1. quelle 2. quel 3. Quei
4. quella 5. quell'

▶ Vor einem Substantiv nimmt *quello* die Endungen des bestimmten Artikels an: *quel, quello, quella, quell', quei, quegli, quelle*. Steht es hingegen allein, werden die üblichen Formen *quello/a/i/e* verwendet: *Prendi questo o quello?* (Nimmst du dieses oder jenes?)

144 1. bella 2. bell' 3. bei 4. belle
5. bello 6. bel 7. begli

▶ Vor einem Substantiv nimmt *bello* die Endungen des bestimmten Artikels an: *bel, bello, bella, bell', bei, begli, belle*. Steht es hingegen allein, werden die üblichen Formen *bello/a/i/e* verwendet: *Il sogno era davvero molto bello...* (Der Traum war wirklich sehr schön ...)

7.2

145 1. la sua cravatta, la sua camicia, i suoi boxer
2. la sua camicetta, la sua gonna, le sue calze
3. i loro pantaloni, le loro scarpe, i loro maglioni

▶ Das Possessivadjektiv *suo/a* bedeutet sowohl „sein" als auch „ihr" (bzw. „Ihr" in der Höflichkeitsform). „Ihr" im Plural heißt aber *loro*.

146 1. il mio 2. il tuo 3. suo 4. i loro
5. la Sua 6. i miei

▶ Vor Possessivadjektiven steht in der Regel der bestimmte Artikel. Das gilt aber nicht bei Verwandtschaftsbezeichnungen im Singular (außer bei *loro*, z. B. *il loro zio*).

147 1. Potrebbe togliersi le scarpe? / Si potrebbe togliere le scarpe?
2. Mi fa male la testa!
3. Vuoi lavarti le mani? / Ti vuoi lavare le mani?
4. Il capo cambia sempre idea/opinione.

▶ Im Italienischen wird in der Regel kein Possessivadjektiv gebraucht, wenn die Zugehörigkeit bereits aus dem Kontext ersichtlich ist. Das gilt insbesondere bei Körperteilen und Kleidungsstücken.

148 2. del suo 3. Con il vostro 4. dal loro
5. al tuo 6. Nel mio 7. a mia

▶ Trifft eine der Präpositionen *a, da, di, in, su* auf ein Possessivadjektiv mit bestimmtem Artikel, verschmilzt die Präposition mit dem Artikel. Keine Verschmelzung erfolgt bei den übrigen Präpositionen sowie bei fehlendem Artikel.

149 2. E Lei, ha prenotato la Sua?
3. Ora dite voi la vostra!
4. E il direttore ha fatto la sua?
5. E gli zii, hanno preso le loro?

▶ Possessivpronomen haben die gleiche Form wie Possessivadjektive, stehen aber ohne Substantiv.

150 1. (Lei) è un nostro cliente?
2. (Questa) è una sua idea fissa.
3. Laura è una tua parente?
4. Avrei bisogno di un vostro parere / di una vostra opinione.
5. (Lui) è solo un mio amico!

7.3

151 2. I tedeschi sono più organizzati degli italiani.
3. I tedeschi sono meno pigri degli italiani.
4. Le donne italiane sono più belle delle donne inglesi.
5. L'uomo francese è più elegante dell'uomo spagnolo.
6. La donna tedesca è meno passionale della donna italiana.

▶ Der Komparativ (erste Steigerungsstufe) wird gebildet, indem man dem Adjektiv *più* (mehr) bzw. *meno* (weniger) voranstellt. Wie gewöhnlich wird das Adjektiv an das Bezugswort angeglichen.

152 1. di 2. che 3. che 4. che 5. di 6. di

▶ Bei Vergleichen im Sinne von „als" wird *di* vor Substantiven, Eigennamen, Pronomen und vielen Adverbien verwendet. *Che* steht hingegen vor einer Präposition bzw. wird gebraucht, wenn man Verben im Infinitiv oder Adjektive miteinander vergleicht.

153 Mögliche Übersetzungen
1. Il mio ragazzo ha bevuto (di) più di tutti.
2. (Questo) è il film che mi interessa meno di tutti / di meno.
3. La cosa più bella è stata la visita guidata della città.
4. Quale maglione ti piace di più?
5. La cosa migliore è aspettare / se aspettiamo ancora un po'.
6. Qual è il modo migliore per dimagrire?

▶ Nicht immer lässt sich „am ...-sten" durch *più/meno di tutti* bzw. *di più/meno* wiedergeben. Oft bietet sich eine Konstruktion mit *la cosa / il modo più...* an, in einigen Fällen kann aber auch eine Umformulierung nötig sein.

154 1. migliore 2. migliore 3. buonissimo
4. peggiore 5. ottimo (*möglich, aber weniger üblich:* buonissimo)

▶ Wenn es um den Wert einer Person oder Sache geht, bevorzugt man die unregelmäßigen Steigerungsformen der Adjektive (z. B. *migliore, ottimo; peggiore, pessimo; maggiore, massimo; minore, minimo*). Im Sinne von „gutherzig" bzw. „boshaft" kann man nur die regelmäßigen Formen von *buono* bzw. *cattivo* verwenden.

7.4

155 1. diretto 2. disperatamente
3. meritatamente 4. attiva
5. attenta

▶ Adverbien können ein Verb, ein Adjektiv, ein anderes Adverb oder einen ganzen Satz näher bestimmen. Adjektive bestimmen ein Substantiv oder das Subjekt näher. Manche Verben benötigen jedoch eine Ergänzung in Form eines Adjektivs (vgl. Satz 5).

156 1. bene 2. buona 3. Bene
4. buone 5. bene

▶ *Buono* ist das Adjektiv, *bene* das Adverb.

157 1. meglio 2. migliore 3. meglio
4. migliore 5. meglio

▶ *Migliore* ist die Steigerungsform des Adjektivs *buono*, *meglio* des Adverbs *bene*.

158 1. È bene che anche i tuoi genitori siano qui.
2. È bene che siate venuti anche voi.
3. È meglio che Lei lo sappia.
4. È meglio che tu vada a casa.
5. Credo che sia meglio se parcheggi in garage.

7.5

159 1. Da bere prendo una bottiglia di acqua minerale.
2. Adoro il formaggio, soprattutto le specialità francesi.
3. Hai visto che sei passato con il semaforo rosso?
4. Per giocare a rugby si usa un pallone ovale.
5. Alcune regioni tedesche sono di religione protestante.

▶ Adjektive, die Farben, Formen, Materialien, Nationalitäten sowie politische oder religiöse Zugehörigkeit angeben, stehen normalerweise hinter den Substantiven.

160 1. certe informazioni = gewisse Informationen; informazioni certe = sichere Informationen 2. diverse idee = mehrere Ideen; idee diverse = unterschiedliche Ideen 3. povera gente = bedauernswerte Leute; gente povera = arme Leute 4. una semplice proposta = „einfach" (nur) ein Vorschlag; una proposta semplice = ein simpler Vorschlag 5. una sola persona = eine einzige Person; una persona sola = eine einsame Person 6. un unico esempio = ein einziges Beispiel; un esempio unico = ein einzigartiges Beispiel 7. un vecchio amico = ein altbekannter Freund; un amico vecchio = ein betagter Freund

161 1. un collega giovane 2. una piccola domanda 3. una proposta vecchia
4. un bambino cattivo 5. il cellulare nuovo

▶ Für die Entscheidung Voran- oder Nachstellung ist natürlich der Kontext entscheidend. In jedem Fall handelt es sich um Nuancen, die man im Laufe der Zeit immer besser versteht.

162 1. mio autore 2. mio sogno 3. a casa mia 4. Amore mio 5. in vita mia
6. Mamma mia

▶ Possessivadjektive stehen in der Regel vor den Substantiven. Davon ausgenommen sind nur bestimmte Wendungen.

163 1. Mi ricordo molto bene la mia infanzia.
2. A scuola si studiava molto...
3. ...ma io non ero un alunno molto bravo.
4. Eppure mi piaceva molto andare a scuola.
5. In classe mi divertivo molto con gli amici...
6. ...e passavamo delle giornate molto belle insieme / insieme passavamo delle giornate molto belle.
7. Beh, devo dire che non sono cambiato molto.

▶ Adverbien stehen in der Regel vor dem Adjektiv bzw. Adverb, auf das sie sich beziehen, aber nach dem Verb (in Satz 7 ist jedoch auch *molto cambiato* – ähnlich wie bei einem Adjektiv – möglich). Siehe auch Übung 219.

8.1

164 1. Ø, Ø 2. voi 3. lo, tu
4. Ø, Ø 5. tu, io

▶ Als Subjekt werden Personalpronomen meist weggelassen, da die Person bereits an der Verbendung erkennbar ist. Sie werden nur dann verwendet, wenn sie hervorgehoben werden sollen – z. B. bei Gegenüberstellungen oder bei Wörtern wie *anche*, *neanche* oder *solo*.

165 2. non ce l'abbiamo 3. (ce) li ho
4. non (ce) le ho 5. ce l'hanno
6. Non ce l'abbiamo

▶ Vor einem Objektpronomen wie *lo/la* (oft auch vor *li/le*) und *avere* als Vollverb wird *ci* als Verstärker gesetzt. Dabei wird *ci* zu *ce* und *lo* bzw. *la* zu *l'* apostrophiert.

166 2. Sì, le regalo un anello.
3. Hmm, vi consiglio i cannelloni.
4. Certo, lo ricordo con piacere!
5. No, (non gli mando una mail,) gli mando un SMS.
6. Sì, l'ho sentita due giorni fa.

▶ Unbetonte Objektpronomen stehen im Italienischen vor dem Verb. Sie können direkt = Akkusativ (*lo vedo*) oder indirekt = Dativ (*le regalo*) sein. Das Verneinungswort *non* steht vor dem Pronomen: *Non lo vedo*.

167 1. Vi 2. Le, A me 3. te, me 4. li, lui
5. A me, a te 6. a me

▶ Man verwendet betonte Objektpronomen, wenn diese allein stehen (Satz 2, *A me*) oder wenn das Objekt weitere Elemente umfasst (Satz 4, *lui*), nach Präpositionen (Satz 3), nach Wörtern wie *anche, neanche, proprio, sempre, solo* usw. (Satz 6), bei besonderer Betonung oder bei Gegenüberstellungen (Satz 5).

168 2. Al nonno piace il pasticcio di carne? – Al nonno no, e alla nonna? – A lei sì.
3. A Katia piace fare spese? – A Katia sì, e a Max? – A lui no.
4. Al vicino piacciono gli animali domestici? – Al vicino no, e alla vicina? – Neanche a lei.

▶ Zur Wiedergabe des deutschen Dativs können Sie im Italienischen auf die Präposition *a* zurückgreifen.

169 2. Il mittente dove lo si scrive?
3. Questo medicinale come lo si prende?
4. La virgola in questo caso non la si usa?
5. La panna cotta come la si prepara?
6. Il CD dove lo si inserisce?

▶ Ein unbetontes direktes Objektpronomen steht vor der unpersönlichen Form *si*. Das gilt auch für unbetonte indirekte (*Come gli si dice che...?* = Wie sagt man ihm, dass ...?) sowie für zusammengesetzte Objektpronomen (*Come glielo si dice?* = Wie sagt man es ihm?).

170 1. te le 2. ve la 3. te la 4. glieli
5. spiegarGlielo 6. glielo (lo = come si usa la posta elettronica)

▶ Im Italienischen folgt immer das direkte Objektpronomen auf das indirekte („dir es"). Die Formen lauten: *me lo, te lo, glielo, Glielo, ce lo, ve lo, glielo*. Die Form *glielo* ersetzt sowohl *gli* + *lo* als auch *le* + *lo*. Anstelle von *lo* können natürlich auch *la, le* oder *li* verwendet werden: *me la, te la* usw.

171 1. me ne vado (andarsene = weggehen) 2. ce la fai / ce l'hai fatta (farcela = es schaffen) 3. La smettete (smetterla = aufhören) 4. te l'aspettavi (aspettarsela = etw. erwarten) 5. prendertela (prendersela = sich ärgern, prendersela con qn. = jmd. die Schuld geben) 6. me la cavo (cavarsela = zurechtkommen)

▶ Manche Verben verschmelzen mit einem oder zwei Pronomen zu neuen Formen. Das direkte Objektpronomen ist dabei oft *la* – auch ohne Bezug auf ein weibliches Substantiv. Die Position der Pronomen folgt den üblichen Regeln.

8.2

172 2. Ci vado martedì.
3. Sì, ci lavora ancora.
4. No, non ci sono mai stato.
5. No, non ci vanno più.
6. Sì, ci veniamo spesso.

▶ Das Wort *ci* ersetzt eine Orts- oder Richtungsangabe („dort, dorthin, hier, hierhin") und steht unmittelbar vor dem Verb.

173
◆ Buongiorno.
● Buongiorno a Lei. Mi dica.
◆ Vorrei dei biscottini per il mio cagnolino.
● Quanti ne vuole?
◆ Ne prendo un sacchettino.
● Basta così?
◆ No, ne voglio ancora.
● Purtroppo non ne ho più.
◆ E va bene, non ne dovrebbe neanche mangiare così tanti.

▶ Das Wort *ne* („davon") bezieht sich auf eine Teilmenge eines zuvor genannten Begriffs. Im Deutschen fehlt meist eine direkte Entsprechung.

174 2. Sì, ce n'è.
3. Sì, ce ne sono quattro.
4. Sì, ce n'è.
5. Sì, ce n'è una bottiglia.
6. No, non ce ne sono!

▶ Aus der Kombination von *ne* im Sinne von „davon" und dem Verb *esserci* (*essere* + *ci*) ergeben sich die Formen (*non*) *ce n'è* bzw. (*non*) *ce ne sono*.

175 2. Te ne bevi una anche tu?
3. Me ne prendo ancora un po'.
4. Ce ne porta altri due?
5. Non me ne hai lasciato neanche una fetta!

▶ Wenn ein unbetontes indirektes Objektpronomen (z. B. *mi, ti* usw.) auf das Pronominaladverb *ne* trifft, ergeben sich die Formen *me ne, te ne, gliene/Gliene, ce ne, ve ne, gliene*. Das Substantiv, auf das sich *ne* bezieht, kann aus dem Kontext hervorgehen und bleibt deshalb oft unerwähnt.

176 1. ci 2. ne 3. ne (*im Sinne von* con lui/lei/loro... *auch* ci *möglich*) 4. ne 5. Ci 6. ci

▶ Das Pronominaladverb *ci* („daran, darüber" usw.) ersetzt u. a. Verbergänzungen mit der Präposition *a: Non credo alle tue parole. → Non ci credo.* Das Pronominaladverb *ne* („davon, daran" etc.) vertritt Ergänzungen mit der Präposition *di*: *Non ho bisogno del tuo aiuto. → Non ne ho bisogno.* Man verwendet *ci* und *ne* meistens nicht, wenn sich die Verbergänzungen auf Personen beziehen, z. B. *Non credo a Paolo. → Non gli credo.*

8.3

177 1. che 2. che 3. cui 4. Chi
5. chi

▶ Das Relativpronomen *che* vertritt Personen oder Sachen und kann Subjekt oder Objekt des Relativsatzes sein. Auch *cui* steht für Personen oder Sachen, wird aber nach einer Präposition verwendet. *Chi* (wer; derjenige, der) bezieht sich hingegen nur auf Personen. Alle drei Relativpronomen sind unveränderlich.

178 1. da cui 2. su cui 3. di cui
4. per cui 5. in cui

▶ Nach Präpositionen wird das Relativpronomen *cui* gebraucht. Welche Präposition gebraucht wird, hängt vom jeweiligen Verb bzw. Substantiv ab.

179 1. c. (quello che) 2. a. (quello che)
3. d. (Quelli che) 4. b. (quelle che)

▶ *Quello/a/i/e che* bedeutet soviel wie „derjenige, der", *quello che* entspricht „das, was".

180 1. Non mi interessa quello che la gente pensa.
2. Tutto quello che so è che non so niente.
3. La stanza è piuttosto piccola, cosa che non mi piace per niente.
4. È la cosa più bella che puoi dire a qualcuno.
5. Rido di quello che lei dice.
6. Il mio primo ragazzo mi voleva sempre baciare, cosa che però non era proprio facile...

▶ Im Sinne von „das, was" (Satz 2, 5) wird *quello che* (oder auch *ciò che*) verwendet, bei Bezug auf einen ganzen Satz (siehe 3, 6) *cosa che* (oder auch *il che* bzw. *la qual cosa*). In Satz 4 ist eine Umformulierung mit dem Substantiv *cosa* (und dem dazugehörigen Relativpronomen *che*) üblich – siehe dazu Übung 153.

181 2. Le orecchiette, la cui forma ricorda delle piccole orecchie, sono un tipo di pasta.
3. La segreteria, il cui indirizzo è Piazza Mazzini 12, è aperta tutti i giorni.
4. Il Parlamento italiano, i cui membri sono eletti ogni cinque anni, rappresenta i cittadini italiani.
5. Il paziente, le cui condizioni sembravano disperate, ora sta meglio.

▶ Die deutsche Entsprechung der Relativpronomen *il cui, la cui* usw. lautet „dessen, deren". Im Italienischen richtet sich der bestimmte Artikel nach dem darauffolgenden Substantiv, z. B. *Il paziente, le cui condizioni...*

9.1

182 a — Berlino, scuola, letto, lezione
in — Francia, biblioteca, pizzeria, piazza, ufficio, discoteca, Toscana, centro

▶ Man verwendet die Präposition *in* bei Orts- und Richtungsangaben in Verbindung mit Ländern, Regionen, Adressen sowie anderen Ortsbezeichnungen, insbesondere jenen, die auf *-ia* oder *-teca* enden.
Die Präposition *a* wird bei Städten sowie in festen Verbindungen mit einigen wenigen Ortsbezeichnungen gebraucht.

183 1. all' 2. al, al 3. allo 4. al, a

▶ Bei einer Vielzahl von Ortsbezeichnungen wird die Präposition *a* in Verbindung mit dem bestimmten Artikel verwendet. Ausnahme: *essere/andare a teatro*.

184 2. campagna (auf dem Land/aufs Land) 3. montagna (in den Bergen/in die Berge) 4. giardino (im/in den Garten) 5. città (in der/die Stadt) 6. spiaggia (am/an den Strand)

185 1. alla 2. all', Da 3. Dal, a, in 4. a 5. dalle, alle 6. per, dal 7. sul 8. di (auch: in)

▶ Wichtige Bedeutungen der Präpositionen:
a Uhrzeit, Alter, Ende eines Zeitabschnitts
da „als", Ort und Richtung bei Personen, Beginn eines Zeitabschnitts, Herkunft
di Material
in Verkehrsmittel
per Zielort, Grund
su „auf, über", Thema (eines Buches, Films usw.)
Zu *da* und *di* siehe auch Übung 189.

186 1. d. (di mattina) 2. a. (a pranzo) 3. f. (da due ore) 4. c. (fra/tra una settimana) 5. b. (in gennaio, auch: a gennaio) 6. e. (in estate, auch: d'estate)

187 1. di 2. di 3. di 4. di 5. a 6. di 7. a 8. a 9. di

▶ Die Präposition *di* wird auch bei Mengenangaben verwendet.

188 1. di 2. di 3. di 4. di 5. da 6. per 7. di 8. di

▶ Verben (aber auch Adjektive oder Substantive) können unterschiedliche Präpositionen verlangen. Diese Verbindungen muss man am besten einzeln lernen.

189 1. da 2. da, di 3. di 4. di 5. da

▶ Die Präposition *di* dient auch der Angabe des Besitzers bzw. der näheren Bestimmung (z. B. *film di fantascienza*). Die Präposition *da* bezeichnet auch den Zweck (z. B. *occhiali da sole*).

190 2. Da chi vai a cena? 3. A (che) cosa stai pensando? 4. Con (che) cosa è fatto il ginger? 5. Di che/quale film parli? / Di (che) cosa parli? 6. A chi hai dato la chiave?

▶ Bei der Wahl der passenden Präposition vor den Fragewörtern *chi, cosa, che/quale* sollte man sich nach der Information richten, die man erfragen möchte, z. B. *da chi vai* oder aber *con chi vai* usw.

9.2

191 1. a 2. a 3. in 4. in 5. in
6. in 7. in 8. in 9. a 10. in

▶ Bei diesen (und manch anderen) festen Verbindungen steht im Italienischen kein Artikel. Da hilft oft nur auswendig lernen ...

192 1. Alle 2. su 3. da 4. del 5. della

▶ Trotz Ausnahmen kann man sich an folgender Faustregel orientieren: Wenn man normalerweise vor einem Substantiv oder Nomen den bestimmten Artikel verwendet, bleibt dieser auch nach einer Präposition erhalten: *i miei nonni → dai miei nonni, mio nonno → da mio nonno*.

193 1. di 2. a 3. dagli 4. all'
5. in (con il) 6. dal

▶ Hier kann die Faustregel aus Übung 192 angewendet werden. Von der Verschmelzung ausgenommen sind natürlich feste Verbindungen, wie z. B. jene aus Übung 191, sowie Fälle, in denen ein vorhandenes Wort den bestimmten Artikel ausschließt (z. B. *un* im Satz 1).

9.3

194 di, a, a, di, a, a, di, di

▶ Einige Verben verlangen die Präposition *di* vor einem Infinitiv (z. B. *cercare di, credere di, decidere di, dire di, finire di, ricordarsi di, sperare di, smettere di* usw.), andere wiederum die Präposition *a* (z. B. *cominciare/iniziare a, andare a, farcela a, riuscire a, provare a, venire a* usw.).

195 1. È difficile trovare un taxi a quest'ora.
2. È possibile pagare con la carta di credito?
3. Per noi è molto importante avere una stanza tranquilla.
4. È facile arrivare in centro (città) a piedi?
5. È necessario prenotare?
6. Ma naturalmente è possibile avere una stanza con vista sul mare!

▶ *È possibile, necessario, importante, facile, difficile* usw. werden ohne Präposition an einen Infinitiv angeschlossen.

10.1

196 1. Nella zona pedonale ci sono molti negozi.
2. Lì/Là c'è una gelateria!
3. In/Nell'aula non c'è più posto.
4. Qui ci sono ancora molte cose da chiarire.
5. Davanti alla farmacia c'è un parcheggio.

▶ Auf eine Ortsangabe (z. B. *In centro, Lì, Qui* usw.) folgt im Italienischen das Verb *esserci* (z. B. *c'è / ci sono*) und nicht *essere*.

197 1. C'era 2. c'è stata 3. Ci sarebbero
4. ci saranno 5. ci sia

▶ Das Verb *esserci* wird nicht nur im Indikativ Präsens konjugiert. Man kann es auch in Verbindung mit allen Personen – und nicht nur mit der 3. Person Singular/Plural – verwenden, z. B. *Ci sei anche tu!* (Da bist ja auch du!)

10.2

198 1. deve 2. possono 3. vogliono
4. stanno facendo 5. può

▶ Wenn auf die *si*-Form ein Objekt im Plural folgt, wird das Verb in der 3. Person Plural konjugiert. Trotz regionaler Abweichungen gilt diese Regel auch bei einem Modalverb oder der Form *stare + gerundio*.

199 1. ci si annoia 2. ci si mette 3. ci si dimentica 4. ci si meraviglia 5. ci si abitua

▶ Reflexive Verben bilden die unpersönliche Form durch *ci si* und die 3. Person Singular.

200 1. si è saputo 2. si sono prese 3. si è tornati 4. si è fatta 5. ci si è limitati

▶ Zusammengesetzte Zeiten in der *si*-Form werden immer mit dem Hilfsverb *essere* gebildet. Folgt auf Verben, die sonst das Hilfsverb *avere* haben, ein direktes Objekt, wird das *participio passato* dem Objekt angeglichen (Sätze 2 und 4). Bei Verben, die sonst das Hilfsverb *essere* haben, gilt: *essere* in der 3. Person Singular + *participio passato* im Maskulinum Plural (Satz 3). Das gilt auch für reflexive Verben (Satz 5).

201 2. Quando si è ubriachi si dice la verità.
3. Quando si è innamorati si è felici.
4. Quando si è soli ci si annoia.
5. Quando si è tristi si ascoltano canzoni tristi.
6. Quando si è ricchi si hanno soldi da buttare.

▶ Ein Adjektiv oder ein Substantiv, das auf das Verb *essere* in der *si*-Form folgt, steht im Maskulinum Plural (es sei denn, es sind nur weibliche Personen gemeint, z. B. *Quando si è mamme...*).

10.3

202 1. si ammala 2. mi sveglio, si alza, mi addormento 3. ci divertiamo 4. si rompono

▶ Manche Verben sind im Italienischen reflexiv, aber nicht im Deutschen, u. a. *svegliarsi, alzarsi, addormentarsi, ammalarsi, divertirsi, rompersi* und natürlich auch *chiamarsi*.

203 1. si, Ø 2. ci 3. Ø 4. Mi/Ø 5. ti

▶ Einige italienische Verben können reflexiv oder nicht reflexiv verwendet werden, wobei sich die Bedeutung ändert, z. B. *fermare* (jmd./etw. anhalten) / *fermarsi* (stehen bleiben, [an]halten), *cambiare* (wechseln, ändern, umsteigen) / *cambiarsi* (sich umziehen), *allenare* (jmd./etw. tranieren) / *allenarsi* (trainieren). Nur in wenigen Fällen bleibt die Bedeutung gleich, z. B. bei *dimenticare/dimenticarsi, ricordare/ricordarsi, riposare/riposarsi*.

204 1. Purtroppo ha fatto un po' tardi / è arrivato un po' tardi.
2. Volevamo ringraziarti per il regalo.
3. Devi avere ancora un po' di pazienza.
4. Ci ho pensato bene.
5. Negli ultimi tempi mio marito è cambiato molto.

▶ Einige Verben sind im Deutschen reflexiv, nicht aber im Italienischen, u. a. „sich überlegen, sich bedanken, sich verspäten, sich gedulden, sich (ver)ändern".

205 1. si è innamorata 2. si è dimenticata 3. si è messa 4. si è persa 5. si è fatta male 6. ci siamo preoccupati 7. si è arrabbiata 8. si sono conosciuti 9. si sono rivisti 10. vi siete mai trovati

▶ Reflexive Verben bilden die zusammengesetzten Zeitformen mit dem Hilfsverb *essere*. Das Partizip wird dem Subjekt angeglichen.

206 1. trasferirci 2. diplomarsi 3. sbrigarti 4. frequentarvi, vederci 5. abituarmi

▶ Wird ein reflexives Verb im Infinitiv benutzt, kann sich das angehängte Reflexivpronomen weiterhin auf ein bestimmtes Subjekt beziehen.

10.4

207 Mit *-isc-*: finire, pulire, restituire, spedire
1. finisco 2. offri 3. pulisce 4. restituisce 5. scopre 6. seguiamo 7. spedite 8. servono

▶ Bei jedem Verb auf *-ire* muss man sich merken, ob das Element *-isc-* für die Konjugation erforderlich ist oder nicht. Die 1. und 2. Person Plural (*noi* und *voi*) enthalten in keinem Fall *-isc-*.

208 Waagerecht: 3. sai 4. do 7. vengo 9. diciamo 10. hanno
Senkrecht: 1. siete 2. può 4. dobbiamo 5. vado 6. esci 7. vuole 8. fanno 10. hai

▶ Einige wichtige Verben – u. a. *andare, avere, dare, dire, dovere, essere, fare, potere, sapere, stare, uscire, venire, volere* – sind unregelmäßig.

209 1. giocherei 2. pagherai 3. spiegherà 4. coniugheremo 5. scarichereste 6. negherebbero
Lösungswort: capire

▶ Bei den Verben auf *-care* und *-gare* wird auch im *futuro semplice* und im *condizionale presente* ein *-h-* dazwischengeschoben. In diesen Zeitformen wird nämlich das *-a-* der Endung zu *-e-*, wie es bei allen Verben auf *-are* üblich ist (z. B. *lavorerei, lavorerò*). Zum Erhalt der Aussprache [k] bzw. [g] wird deshalb noch ein *-h-* benötigt (*giocare → gioc-h-erei*).

210 4. andrà 5. andrebbe 6. vorrebbe 7. sarebbe 8. sarà 9. sarò 10. verrò 11. verremo 12. verremmo 13. avremmo 14. avreste 15. vivreste 16. vivrete 17. vivranno 18. vedranno 19. vedrebbero 20. saprebbero 21. sapresti 22. potresti 23. potrai 24. farai

▶ Bei der Konjugation der unregelmäßigen Verben im *futuro semplice* und im *condizionale presente* greift man auf denselben Verbstamm zurück, wobei die regelmäßigen Endungen der jeweiligen Zeitform angehängt werden.

211 1. andrai 2. andai 3. andò (passato remoto, lui/lei/Lei) 4. arriverò 5. arrivò 6. arriverà (futuro semplice, lui/lei/Lei) 7. metterete 8. mettereste 9. metteste (passato remoto + congiuntivo imperfetto, voi) 10. sapremo 11. sapremmo 12. sapemmo (passato remoto, noi) 13. sentiate 14. sentiste 15. sentite (indicativo presente + imperativo, voi)

▶ Manche konjugierte Verbformen können leicht verwechselt werden. Generell lassen sich *passato remoto* und *futuro semplice* am Verbstamm unterscheiden – z. B. *arriv-* (*passato remoto*) / *arriver-* (*futuro semplice*) –, *condizionale presente* und *futuro semplice* an den Endungen – z. B. *dovr-emmo* (*condizionale presente*) und *dovr-emo* (*futuro semplice*). Auch bei der 2. Person Plural sollte man auf die Endung achten – z. B. bei den Verben auf *-are*: *-ate* (*indicativo presente* oder *imperativo*), *-iate* (*congiuntivo presente*), *-aste* (*congiuntivo imperfetto*).

10.5

212 1. scritto 2. venuto 3. mosso
4. avuto (regelmäßiges Partizip)
5. scelto 6. successo 7. tolto
8. vissuto 9. piaciuto 10. vinto

▶ Bei den Verben auf *-are/-ere/-ire* enden die regelmäßigen Partizipien auf *-ato*, *-uto* und *-ito*, z. B. *pagato*, *avuto* und *capito*. Das *participio passato* von *piacere* (oder auch *conoscere*) ist aufgrund des eingeschobenen *-i-* leicht unregelmäßig: *piaciuto*, *conosciuto*.

213 pianto (piangere), aggiunto (aggiungere), riassunto (riassumere), spento (spegnere), vinto (vincere)
deciso (decidere), chiuso (chiudere), preso (prendere), sceso (scendere), speso (spendere)
rimasto (rimanere), chiesto (chiedere), nascosto (nascondere), risposto (rispondere), visto (vedere)
rotto (rompere), detto (dire), fatto (fare), letto (leggere)
aperto (aprire), offerto (offrire), scoperto (scoprire), sofferto (soffrire)

▶ Trotz aller Unregelmäßigkeiten sind einige wiederkehrende Muster bei der Bildung des *participio passato* erkennbar.

214 1. piaciuta 2. fatto, rimaste
3. incontrati 4. conosciuto
5. fatto 6. scritto 7. stata

▶ Mit dem Hilfsverb *avere* endet das *participio passato* in der Regel auf *-o*, mit dem Hilfsverb *essere* wird es an das jeweilige Subjekt angeglichen (*-o/a/i/e*).

215 2. No, non l'ho ricevuta.
3. Ma certo, li ho comprati.
4. Sì, le ha prese.
5. No, non l'hanno ancora aperto.
6. Sì, l'abbiamo riordinata.

▶ Steht vor einer zusammengesetzten Verbform mit dem Hilfsverb *avere* ein direktes Objektpronomen in der 3. Person Singular oder Plural (*lo*, *la*, *li*, *le*), wird das Partizip an dieses Pronomen angeglichen.

216 1. ho, sei 2. abbiamo 3. Hai
4. Hai, ho, è 5. è, è

▶ Bei der Wahl des Hilfsverbs kann man sich am Deutschen („haben" bzw. „sein") orientieren. Allerdings gibt es auch Abweichungen, u. a. bei den reflexiven Verben (Hilfsverb: *essere*), bei manchen Verben der Bewegung – z. B. *camminare, correre, nuotare, sciare, viaggiare, volare* (Hilfsverb meist: *avere*) – sowie bei Verben wie *piacere, costare* oder *durare* (Hilfsverb in der Regel: *essere*).

217 1. Avete finito 2. Ho iniziato
3. ha cominciato 4. sono cominciate
5. sarà finita

▶ Verben wie *cominciare/iniziare* oder *finire* haben bei transitivem Gebrauch (d. h. mit direktem Objekt, z. B. Satz 2) das Hilfsverb *avere* und bei intransitivem Gebrauch (d. h. ohne direktes Objekt, z. B. Satz 4 und 5) das Hilfsverb *essere*. Eine Ergänzung im Infinitiv – *cominciare/iniziare a fare qc.* bzw. *finire di fare qc.* – kommt hier einem direkten Objekt gleich (z. B. Satz 1, 3).

218 2. Non avete voluto seguire i miei consigli e questo è il risultato!
3. Prima di montare l'armadio abbiamo dovuto leggere le istruzioni.
4. I bambini non sono voluti tornare a casa da soli.
5. Ma come è potuto succedere?
6. Mia moglie non c'è, è dovuta partire per un viaggio d'affari.

▶ Modalverben werden in der Regel mit dem Hilfsverb des Infinitivs, den sie begleiten, verwendet. In der Alltagssprache wird aber oft *avere* anstelle von *essere* gebraucht.

219 1. Questa teoria non è mai stata dimostrata.
2. Domani a quest'ora saremo già arrivati a Bari. / Domani saremo già arrivati a Bari a quest'ora.
3. Un attimo, non ho ancora finito!
4. Non è quello che avete sempre voluto sapere?
5. Hai mai visto il Colosseo da vicino / da vicino il Colosseo?
6. Mio zio ha appena compiuto 50 anni.

▶ Zeitadverbien wie *ancora, appena, mai, già* oder *sempre* stehen in der Regel vor dem *participio passato*.

220 2. No, non ho mai conosciuto nessuno in Internet.
3. No, non ho mai chattato con nessuno in Internet.
4. No, non ho ancora twittato niente.
5. No, non scrivo più telegrammi, adesso ci sono gli SMS!

▶ Verneinungswörter wie *nessuno* oder *niente* werden in der Regel in Verbindung mit *non* verwendet. Dabei folgt das Verneinungswort auf das *participio passato*.

10.6

221 1. li 2. La 3. lo 4. La

▶ Verben wie *ringraziare* (danken), *aiutare* (helfen), *seguire* (folgen) und *ascoltare* (zuhören) verlangen im Italienischen – anders als ihre deutschen Entsprechungen – ein direktes Objekt (Akkusativobjekt).

222 1. Le 2. gli 3. le 4. gli

▶ Verben wie *chiedere* (fragen, bitten), *domandare* (fragen), *interessare* (interessieren) und *telefonare* (anrufen) verlangen im Italienischen – anders als ihre deutschen Entsprechungen – ein indirektes Objekt (Dativobjekt).

223 1. Signor Battisti, La ringrazio molto!
2. Che cosa ha detto l'insegnante? Lo hai ascoltato?

3. Le posso chiedere/domandare una cosa? / Posso chiederLe/domandarLe una cosa?
4. Quando/Se le mie amiche hanno bisogno di me, le aiuto sempre volentieri.
5. La chiamo / Le telefono domani.
6. Lei prende la prima strada a destra e la segue fino all'incrocio...
7. Non gli interessa.

10.7

224 1. ero 2. ho mangiato 3. erano 4. sono uscita 5. volevo 6. Sono entrata 7. ho indicato 8. si è messo 9. avevo 10. piaceva 11. ho preso 12. ho disegnato

▶ Beim Erzählen in der Vergangenheit wechselt man ständig zwischen *imperfetto* und *passato prossimo*. Das *imperfetto* führt den Hintergrund (Personen, Orte, Situationen, Gewohnheiten, Gemütszustände) ein, während das *passato prossimo* der Ereignisbeschreibung dient.

225 1. ha attraversato 2. è venuta 3. facevamo jogging 4. è caduta 5. stavo aspettando

▶ In diesen Beispielen beschreibt das *imperfetto* (gegebenenfalls in der Verlaufsform *stare* + *gerundio*) eine Handlung, die noch ablief, als eine andere hinzutrat. Letztere wird durch das *passato prossimo* ausgedrückt. Das *imperfetto* kann auch für gleichzeitig ablaufende Handlungen verwendet werden (siehe Satz 3).

226 1. volevo, ha voluto 2. dovevate, abbiamo potuto 3. potevi 4. ha dovuto

▶ Ein Modalverb wie *dovere*, *potere* oder *volere* im *imperfetto* bringt nicht eindeutig zum Ausdruck, ob die Handlung stattgefunden hat oder nicht. Aus einem *passato prossimo* geht dies hingegen eindeutig hervor.

227
- ● Bene, grazie. Sono stata in Italia.
- ◆ Dove sei stata di preciso?
- ● Prima sono stata al mare, in Sicilia... E poi sono andata a Roma. È stato un viaggio lungo / un lungo viaggio,... ...ma mi è piaciuto molto!

▶ Wenn man ein Ereignis als abgeschlossen betrachtet, verwendet man im Italienischen das *passato prossimo*.

228 1. hai conosciuto 2. ho saputo 3. sapevi 4. conoscevo

▶ Das Verb *conoscere* bedeutet im *imperfetto* „kennen", im *passato prossimo* „kennenlernen". *Sapere* heißt im *imperfetto* „wissen", im *passato prossimo* hingegen „erfahren".

10.8

229 1. c. 2. a. 3. e. 4. d. 5. b.

▶ Das *gerundio* verbindet zwei Sätze miteinander und drückt eine temporale (Zeit), kausale (Grund), modale (Art und Weise), konditionale (Bedingung) oder konzessive (Einräumung) Beziehung aus. In der Regel sind das Subjekt und – bei einem *gerundio presente* – die Zeitebene (Gegenwart, Vergangenheit oder Zukunft) die gleichen wie im Hauptsatz. Pronomen oder Pronominaladverbien (*ci*, *ne*) werden direkt an das *gerundio* angehängt, z. B. *Avendone...*

230 1. Quali sono le cose più strane che hai notato vivendo all'estero?
2. Avendo paura di sbagliare, controlla due volte tutte le cose che fa.
3. Non si può continuare a vivere così, facendo finta di niente...
4. Pur non conoscendolo di persona, ti fidi di lui?
5. Volendo, potremmo andare a mangiare del pesce fresco al mare.

231 1. Avendo poco tempo, preferisco andare in centro in macchina.
2. Ti abbiamo visto andando a fare la spesa.
3. Domani studierò, pur non avendo(ne) molta voglia.
4. Anche giocando si impara.
5. Venendo con noi, ti divertirai.

232

Nick77	Ehi, anche tu qui? Cosa stai facendo di bello? Non stai studiando, vero?
Marilù	No, sto navigando un po' in Internet. A quest'ora di solito non studio.
Nick77	Allora perché non facciamo qualcosa insieme oggi pomeriggio? Così possiamo conoscerci di persona! 🙂
Marilù	Volentierissimo!! 🙂
Nick77	Tu abiti a Milano, no? Andiamo a prendere un gelato insieme? 🙂
Marilù	Sì, ma... Forse non è una buona idea. Sai, magari poi non ti riconosco oppure tu non vieni... E poi adesso ho molto da fare. Magari un'altra volta, ok?

▶ Mit der Konstruktion *stare* + *gerundio* drückt man eine Handlung aus, die gerade abläuft.

10.9

233 1. Vai/Va' via!
2. Non dare la precedenza!
3. Di' di sì!
4. Fai/Fa' qualcosa!
5. Non stare lì fuori!
6. Vieni qui!

▶ Einige Verben haben unregelmäßige Imperativformen. Die oben aufgeführten Varianten mit dem Apostroph sind besonders in der gesprochenen Sprache geläufig. In der 2. Person Singular wird der verneinte Imperativ durch den Infinitiv ersetzt.

234 1. Beva un cucchiaio di questo sciroppo!
2. Stia fermo e dica "33"!
3. Vada in piscina e faccia un po' di nuoto!
4. Sia così gentile ed esca un momento, per favore!
5. Venga di nuovo quando avrà fatto le analisi!

1. vada 2. abbia 3. beva 4. dia
5. dica 6. sia 7. faccia 8. stia
9. esca 10. venga

▶ Die meisten Verben, die in der 2. Person Singular des Imperativs unregelmäßig sind, sind es auch in der 3. Person Singular.

235 2. Avanti, muoviamoci!
3. Prego, accomodati!
4. Su, si sposti!
5. Insomma, si decida!
6. Per favore, sbrigati!
7. Non preoccuparti!

▶ Pronomen – u. a. Reflexivpronomen – werden direkt an die Imperativform angehängt, außer bei der Sie-Form: Hier werden die Pronomen dem Imperativ vorangestellt.
Im verneinten Imperativ der 2. Person Singular wird das Pronomen an den Infinitiv angehängt (Satz 7).

236 2. Faccela! / Faccene una!
3. Dagliela!
4. Faglielo! / Fagliene uno!
5. Dimmelo! (lo = cosa ne pensi)
6. Vacci tu!

▶ Bei der Du-Form des Imperativs der Verben *andare, dare, dire, fare* und *stare* verdoppelt sich der Anfangsbuchstabe des angehängten Pronomens. Nur das Objektpronomen *gli* behält seine Form.

10.10

237 1. Il Parlamento è stato eletto dai cittadini.
2. Le leggi sono/vengono approvate dal Parlamento.
3. I cittadini sono/vengono informati dai media sulle leggi approvate.
4. Le leggi dovranno essere/venire rispettate dai cittadini.
5. Un tempo decisioni sulla vita dei cittadini erano/venivano prese soltanto dai re.

▶ Nur in den einfachen Zeitformen kann das Passiv mithilfe von *venire* (anstelle von *essere*) gebildet werden. Damit wird besonders der Vorgang der Handlung betont.

238 2. La verdura va conservata in frigo.
3. Le regole andrebbero cambiate quando serve.
4. Questo lavoro andava fatto prima.
5. La merce andrà spedita a questo indirizzo.
6. Come andrebbe messo il piercing?

▶ Die Konstruktion *andare + participio passato* gibt eine Notwendigkeit an (*va fatto = deve essere fatto*). Sie kann nur mit den einfachen Zeiten von *andare* gebildet werden.

10.11

239 Indicativo presente: faccio, vado, voglio, avete, devono
Congiuntivo presente: abbia, dica, sappia, capisca, siano, faccia, vadano, stia, veda
Indicativo presente *und* congiuntivo presente: siamo, ascolti, facciamo

▶ Die 1. Person Plural des *congiuntivo presente* entspricht der Form im Indikativ Präsens. Bei den Verben auf *-are* stimmen die Singularformen des *congiuntivo presente* mit der 2. Person Singular des Indikativ Präsens überein, z. B. *tu parli, che io/tu/lui parli*.

240 1. pensi, prenda 2. hanno capito
3. fosse 4. vi disturbiate 5. voglia

▶ Zu den wichtigsten Auslösern des *congiuntivo* zählen Verben der Meinungsäußerung (*credere, pensare* usw.), der Unsicherheit (*sembrare, non essere sicuro* usw.), der Wunschvorstellung und Hoffnung (*volere, sperare, preferire* usw.) oder des persönlichen Empfindens (*avere paura, dispiacere, essere contento* usw.).

241 Mögliche Lösungen
2. Che sia impegnato/a?
3. Che abbiano sbagliato strada?
4. Che sia un giorno festivo?
5. Che abbia fame?

▶ Der *congiuntivo* kann auch in einem Hauptsatz, der mit *che* eingeleitet wird, verwendet werden, um Vermutungen bezüglich der Gegenwart (*congiuntivo presente*) bzw. der Vergangenheit (*congiuntivo passato*) zu äußern.

242 2. Presumo di non essere l'unico... / Presumo che (lui) non sia l'unico...
3. Giulio non vuole sapere la verità. / Giulio non vuole che si sappia la verità.
4. Avete paura di ammalarvi? / Avete paura che (io) mi ammali?
5. Mi sembra di essere impazzito. / Mi sembra che (loro) siano impazziti.
6. Mi pare di aver(e) detto tutto. / Mi pare che (voi) abbiate detto tutto.
7. Credono di essere dei bambini. / Credono che (noi) siamo dei bambini.

▶ Der *congiuntivo* wird in der Regel verwendet, wenn Haupt- und Nebensatz unterschiedliche Subjekte haben. Bei gleichem Subjekt greift man auf eine Infinitivkonstruktion zurück – das gilt auch, wenn nicht das grammatikalische, sondern das „logische" Subjekt das gleiche ist (Sätze 5 und 6).

243 1. avevo 2. ce ne andassimo 3. si è riscaldato 4. potesse 5. abbia fatto 6. riportiate 7. avevo 8. ho 9. abbiate 10. è

▶ Einige Konjunktionen verlangen ein Verb im *congiuntivo*, z. B. *sebbene/nonostante* (obwohl), *nel caso che* (im Falle, dass), *a patto/condizione che* (unter der Bedingung, dass), *a meno che* (es sei denn), *senza che* (ohne dass). Achten Sie auch auf den Unterschied zw. *perché* (weil) mit Indikativ und *perché* (damit) mit *congiuntivo* sowie zw. *dopo che* (nachdem) mit Indikativ und *prima che* (bevor) mit *congiuntivo*.

244 2. Se Giulia e Fabio parlassero un po' di più tra di loro, forse riuscirebbero anche a capirsi.
3. Se potessi ti aiuterei, ma purtroppo ho le mani legate.
4. Non sarebbe meglio se mettessimo le foto della nostra festa di classe in Internet?
5. Se domenica prossima facesse bel tempo, si potrebbe andare a fare vela sul lago.

▶ Bedingung und Folge sind hier zwar realisierbar, gelten aber als unsicher bis unwahrscheinlich. Im Bedingungssatz (*se* ...) steht der *congiuntivo imperfetto*, im Hauptsatz der *condizionale presente*.

245 1. Se lo sapessi, te lo direi.
2. Che cosa faresti (tu) se avessi un milione di euro?
3. Mi chiami/telefoni, se dovesse avere dei problemi.
4. Non sarebbe meglio se iniziassimo/cominciassimo a lavorare?
5. Che cosa rispondereste (voi) se foste al mio posto?

246 2. Ma se te lo avessi detto, tu che cosa avresti fatto?
3. Lo avresti raccontato a qualcuno, se ne avessi avuto la possibilità?

4. E questo qualcuno avrebbe tenuto il segreto per sé, se lo avesse saputo?
5. O lo avrebbe raccontato a qualcun'altro, se glielo avessero chiesto?
6. E che segreto sarebbe stato, se poi tutti ne avessero parlato?
7. Per fortuna non l'ho saputo, e quindi non te l'ho detto...

▶ Die Bedingungen sind nicht mehr erfüllbar, weil sie sich auf die Vergangenheit beziehen. Im Satz mit *se* (wenn) verwendet man den *congiuntivo trapassato*, im Hauptsatz den *condizionale passato*.
In der Alltagssprache wird oft in beiden Sätzen das *imperfetto indicativo* verwendet – dabei bleibt die Bedeutung gleich: *Se avevamo più fortuna, probabilmente vincevamo la partita* (= *Se avessimo avuto più fortuna, probabilmente avremmo vinto la partita*).

247 2. Preferirei che ci dessimo del tu.
3. Non vorrei che loro la prendessero male.
4. Preferiremmo che Lei parlasse in italiano con noi.
5. Vorrebbero che il figlio diventasse avvocato.
6. Preferiresti che ci fossero più spazi verdi qui in città?
7. Vorrei che rimanesse tra di noi...

▶ Auf ein Verb wie *volere* oder *preferire* im *condizionale presente* folgt ein *congiuntivo imperfetto* bei Gleichzeitigkeit und Nachzeitigkeit bzw. ein *congiuntivo trapassato* bei Vorzeitigkeit.

10.12

248 2. Pensavo che fosse utile.
3. Sapevo che le cose erano cambiate.
4. Pensavo che le cose fossero cambiate.
5. Sapevo che avresti capito.
6. Pensavo che un giorno avresti capito.

▶ Folgende Zeitenfolge ist bei einem Wechsel von der Gegenwart in die Vergangenheit zu beachten:
Hauptsatz *presente* → *passato*
Nebensatz *ind. presente* → *ind. imperfetto*
cong. presente → *cong. imperfetto*
passato prossimo → *trapassato prossimo*
cong. passato → *cong. trapassato*
futuro semplice → *condizionale passato* (in der Alltagssprache oft auch *ind. imperfetto*)

249 1. avresti detto 2. fosse 3. abbiate esagerato 4. manchi 5. sta finendo 6. avessi fatto 7. fossis 8. sarebbe piaciuta

▶ Siehe Erklärung zu Übung 248.
In Satz 5 verlangt das Adverb *probabilmente* eine Indikativform (der Ausdruck *è probabile* allerdings einen *congiuntivo*).

250 1. non aveva voglia di fare niente 2. avevo dormito bene 3. ci saremmo rivisti/e 4. si trattava di un semplice raffreddore 5. rispettare gli altri 6. avrebbe tanto voluto rivedermi

▶ In der indirekten Rede findet eine Zeitenverschiebung statt, wenn das einleitende Verb (hier: *disse, chiese* usw.) in der Vergangenheit steht: *presente* wird zu *imperfetto*, *passato prossimo* zu *trapassato prossimo*, *futuro semplice* zu *condizionale passato*, *condizionale presente* zu *condizionale passato*, *imperativo* zu *infinito*.

Register

R

Register

Die Zahlen beziehen sich auf die durchnummerierten Übungen.